该专著为教育部人文社会科学研究
"优先股股东保护之法律制度研究"项目成果（项目编号：15YJC820030）

优先股股东保护之法律制度研究

李晓珊 著

中国政法大学出版社

2018·北京

声　　明	1. 版权所有，侵权必究。
	2. 如有缺页、倒装问题，由出版社负责退换。

图书在版编目（ＣＩＰ）数据

优先股股东保护之法律制度研究／李晓珊著．—北京：中国政法大学出版社，2018.10
ISBN 978-7-5620-8618-5

Ⅰ.①优… Ⅱ.①李… Ⅲ.①证券法－研究－中国 Ⅳ.①D922.287.4

中国版本图书馆 CIP 数据核字(2018)第 240833 号

出　版　者	中国政法大学出版社
地　　　址	北京市海淀区西土城路 25 号
邮寄地址	北京 100088 信箱 8034 分箱　邮编 100088
网　　　址	http://www.cuplpress.com（网络实名：中国政法大学出版社）
电　　　话	010-58908285（总编室）58908433（编辑部）58908334（邮购部）
承　　　印	固安华明印业有限公司
开　　　本	880mm×1230mm　1/32
印　　　张	6.75
字　　　数	180 千字
版　　　次	2018 年 10 月第 1 版
印　　　次	2018 年 10 月第 1 次印刷
定　　　价	32.00 元

前 言

自1993年我国《公司法》伴随着资本市场的出现而亮相以来，直到2013年中国证监会审议公布《优先股试点管理办法》，优先股方真正成为我国法律意义上的一种股份。嗣后，在上海证券交易所、深圳证券交易所里，大量的优先股如雨后春笋般地萌发出来，它们主要分布在上市商业银行、建筑、石油等行业。不同于普通股股东经常性地以维护自身权益的形象出现在最高法院公布的指导性案例中，优先股股东似乎"缺乏"保护自身权利的诉求，因而我国最高法院至今未公布相关的指导性案例。笔者在"中国裁判文书网"上以"优先股"为关键词进行搜索，内容含有"优先股"的案件均出现在地方性法院，并且无一是以保护优先股股东权益作为诉由的。那么，是否可以得出一系列的结论：优先股股东的权益根本无需立法与司法上的考虑而基于优先股的某些特性自带保护"装置"；抑或优先股股东的权益受到了侵害而立法或司法上尚未提供救济渠道；抑或出于某些政策上的原因而无法将优先股股东维护权益的案件作为指导性案例公布；抑或自2013年《优先股试点管理办法》适用至今尚仅五年时间，优先股的投资周期大多还未结束，矛盾尚未凸显出来。但无论是哪一个结论的猜测，总绕不过一个事实，即优先股的股东在发达国家的资本市场上曾被发行公司伤害得体无完肤而无人愿意成为易受伤害的优先股持有者，最终导致优先股在资本市场上的沉寂。更何况，基于伯利和米恩斯的委托－代理理论，在我国的上市公司中、在普通股股东与优先股股东之间，公司内部的利益冲突总是无处不在。即使在今天的美国，优先股法律制度几经立法、司法判例的磨砺，优先股股东的保护已经形成较为成熟和完整的体系，但是，仍然有大量优先股股东维权的案例出现。因此，优先股股东保护作为一个立法和司法上的命题，是具有一定的前瞻性和现实意义的。

　　鉴于我国案例的缺乏，本书选取了美国和法国的优先股股东维权的案例和立法例作为比较研究的对象。笔者发现，尽管优先股制度从美国引入，但相较于美国法，法国法对于优先股股东的权限给予了更多的约束，而美国法则更多地通过授权公司章程来约定优先股股东的权利。这种制度上的差异源于公司法的理念不同。在法国，公司被看成是一种可以"产生法人"的合同。但是，亦有法国学者认为，从合同角度看待公司也存在问题。因为在起草公司章程时，参股人的意志仅能起有限的作用。公司的章程往往要按照法律的强制规定来制定。因此，公司首先是一种制度，其次才是一项合同。因为，尽管参股人加入公司都是出于自身的意愿，但公司设立之后，参股人的个人意志即告"隐退"，公司股东仅能在法律规定的形式中进行选择，仅能在细节问题上变更这些法定的模式。而美国学界将公司视为一种契约束，优先股兼具合同法和公司法所赋予的性质，但又有矛盾。一方面，在公司法中，股份持有者有剩余索取权；另一方面，合同范式引导着合同双方追求各自利益的最大化。因此，针对优先股，如前所述，有时应适用公司法，有时则适用合同法。美国的判例还区分了优先股股东控制公司董事会和普通股股东控制公司董事会的情况。在优先股股东控制公司的董事会时，适用公司法应当要求公司的董事对普通股股东负担信义义务；在普通股股东控制公司的董事会时，对优先股的优先权利的保护应当根据双方的投资协议而适用合同法，对优先股等同于普通股股东的权利的保护应当要求公司的董事对优先股股东承担信义义务。

  我国的优先股制度在投资的适格主体、发行手段和优先股的优先权等方面受到立法的诸多掣肘。立法并没有赋予投融资双方以权利义务灵活组合的自由，即我国没有类别股制度。但我国的优先股股东仍然在分红权、退出公司的机制、知情权、公司的并购、表决权等方面存在权利易受侵害的风险，商业银行的优先股股东尤其要面临更多的制度上的风险。另外，我国国企的股份制改革正在酝酿引入优先股制度，国有股份在优先股化、还原企业的市场主体地位的同时，也遭受着国有资产流失的威胁。因此，中央提出了特殊股份管理制度。本书拟针对上述问题——作出回应。

内容摘要

19世纪，优先股在美国萌芽，今天，它作为一种较为成熟的融资手段出现在诸多国家的资本市场。我国法律于几年前认可了优先股。自2014年3月21日我国证监会发布《优先股试点管理办法》以来，截至2018年5月底，共有44家公司发布了优先股发行预案，其中26家为A股上市公司，18家为非上市公众公司。在26家发行优先股的A股上市公司中，18家为银行，其余8家为非银行类企业，包括基建类、能源类等企业。而在18家发行优先股的非公众公司中，除1家齐鲁银行外，其余17家均为非银行类企业，主要集中在资金管理以及通信技术领域。

通过分析我国优先股的发行情况，可以看出我国优先股的发行主要集中在国有上市企业，而且集中在资本密集型的商业银行中。但优先股的设计条款缺乏灵活性，几乎所有的优先股品种都没有赎回条款，可累积参与的优先股发行比例很低，与优先股制度设计的初衷相比，灵活性大打折扣。我国司法上尚未出现优先股股东权益保护的相关案例，最高法院更没有公布相关的指导性案例，但是优先股股东权益的保护无论是在早期的萌芽阶段还是在高速发展阶段都是一个值得探讨的命题。更重要的是，优先股股东权益的保护并不是孤立存在的，对优先股股东的保护应当保持克制，一定要同时兼顾普通股股东的利益，原因在于，当优先股股东控制着公司的董事会时，也可能出现侵害普通股股东利益的机会主义风险。而公司中各方利益冲突的现实本就要求立法和司法者作为公司的外部调控力量对公司内部的利益平衡做到有限度的介入、平衡，基于各方利益冲突的现实所延伸出来的公司内部的利益平衡的理论，也是在论及优先股股东权益保护时的基石。我国的优先股制度还负有另一个重要的使命，即在国企的股份制改革中，部分国有股份需要优先股化，在传媒等国有企业中，还要实行特殊股管理制度。本书拟通过四章对上述问题进行深入的分析。

在第一章中，本书论述了优先股的概念、类型、历史起源和发展，随后，以法国优先股制度和美国优先股制度的比较研究作为切入点，对优先股的制度功能进行了深入的比较分析，讨论了优先股在美国和法国的资本市场上的被接受度存在差异的原因。本章还继续回应了如下问题：优先股作为重要的融资手段，在资本市场上书写了引人瞩目的历史，其制度功能应当从哪些角度进行解读？优先股股东的权利究竟是法定的还是合同约定的，具体涵盖了哪些内容？最后，本章对我国的优先股制度进行了纵向的梳理，并对搜集的上海证券交易所和深圳证券交易所的优先股发行的相关信息进行了统计和分析。

在第二章中，本书从多个角度比较充分地剖析了优先股股东权利受到侵害的情况。主要体现在公司并购时，优先股股东的权益容易受到掌握着公司董事会的普通股股东的侵害，无论从公司法的视角还是从合同法的视角，优先股股东都难以避免在并购对价和并购利益方面无法获得公平对待的境遇。优先股的退出机制主要包括优先股的赎回、转换成普通股和异议股权回购三种方式。优先股的退出机制存在着制度上的障碍，退一步讲，即便制度上的退出渠道在某些方面是畅通的，优先股股东也可能面临其股票价值被贬损的风险，当然，本书也关注到优先股在赎回时，普通股股东可能面临的价值被赎回举动所掏空的风险。优先股表决权的保护涉及两个方面的问题：一是优先股的类别表决权；二是优先股的表决权恢复问题。优先股的类别表决权的程序、生效要件、适用范围等均存在着立法上的缺憾；在优先股的表决权恢复方面，依照何种标准来计算优先股表决权恢复后的表决权额尚未获得较为客观科学的认定，优先股表决权恢复的触发条件过于单一，没有考虑到优先股存在累积优先股和非累积优先股之别。目前《优先股试点管理办法》的相关规定未能解决优先股表决权的制度缺陷：一是公司董事会有权决定是否向优先股股东支付股息；二是当条件成就时，优先股股东仅仅能够恢复表决权，但是能否掌握公司的控制权，则没有任何法律的依据。在优先股的优先分红权的保护部分，本书详细分析了几种情况：公司的可分配利润的留存仅仅是为了普通股股东的利益时；普通股股东作出决议留存公司的可分配利润是为了公司的整体利益时；出于任何的个人动机的利润留存时；优先股的优先分红权如何获得最充分的表达。本书分别作出了回应。当然，由于优先股在公司利润分配中的优先性和稳定性，尤其是可累积优先股，可能会给公司造成较大的财务负担，最终损害在公司经营中承担更大风险的普通股股东利益。商业银行发行优先股在我国的资本市场上具有显著的融资和抗风险的价值，但是，商业银行发行的优先股既无法主动退出，也无法获得强制性分红，甚至对于被欠付的股息也无权获得。这种对商业银行的利益的过度倾斜和保护，是出于对提高商业银行资本充足率和加强其抗风险能力的考量。

第三章论述了两个问题，一是梳理了大陆法系和英美法系关于优先股制度的规定；二是优先股股东的保护究竟应当通过何种理论视角来实现？是契约保护的视角还是要求普通股股东及其所控制的董事会对优先股股东负担信义义务的方式？

第四章是以我国的国有企业股份制改革为脉络对优先股制度、黄金股制度和特殊股份管理制度等进行详细的论述的。本章在肯定优先股制度在国有企业改革的融资、国有资产的保值增值和发展混合所有制经济的优势的同时，也对优先股、黄金股注入国有企业提出了具体的制度构想，并且提示了国有股份进行优先股化时可能面临国有资产的流失的巨大风险，提出了将国有企业分类改制并优先股化、引入能够保持政府对国有企业的最终控制权的"黄金股"制度和在传媒等特殊领域的特殊股管理制度。

通过对国内外的立法例和判例的比较分析，并且兼顾考量我国国有企业改革的特殊背景，本书力图从全方位的角度解读"优先股股东保护"这一命题，但更深层次的写作目的，应当是还原公司内部利益冲突的现实状况并提出可能的解决方案，并且尝试着将相关制度风险降到最低，以完成优先股为我国的资本市场和国有企业的股份制改革助力的历史使命。

目录
CONTENTS

前　言 ……………………………………………… 1

内容摘要 …………………………………………… 4

第一章　优先股法律制度概述 …………………… 1

第一节　优先股的概念及类型 …………………… 1

一、优先股的概念 ………………………………… 1

二、优先股的类型 ………………………………… 5

三、优先股的历史起源和发展 …………………… 8

第二节　优先股制度的理论背景——兼论美国和法国优先股法律制度之理论基础 ………………… 13

一、问题的提出 …………………………………… 14

二、"失意"的法国优先股制度 ………………… 15

三、美国优先股制度——类别股之典型 ………… 23

四、我国优先股制度之可预见性的问题及应对 … 31

第三节　优先股的制度功能优势 ………………… 33

一、融资优势 ……………………………………… 34

二、成本控制角度 ………………………………… 40

第四节　优先股股东的权利 …………………………… 43
　一、共益型权利 ……………………………………… 44
　二、自益型权利 ……………………………………… 52
第五节　我国优先股的相关法律制度及适用 ………… 55
　一、我国优先股的历史沿革 ………………………… 55
　二、优先股在中国的发展适用 ……………………… 59

第二章　优先股股东保护中的若干问题　　　63

第一节　公司并购中的利益冲突 ……………………… 63
　一、问题的提出 ……………………………………… 63
　二、美国优先股股东保护的法理基础之辨析——优先股
　　　处于公司法与合同法的断层之上 ……………… 65
　三、优先股的保护与公司控制权 …………………… 69
　四、对我国优先股股东保护的启示 ………………… 72
第二节　优先股退出机制中的权益保护问题 ………… 75
　一、优先股赎回时的优先股股东保护问题 ………… 75
　二、优先股转股时的风险 …………………………… 81
　三、优先股回售时的保护问题 ……………………… 82
第三节　优先股股东表决权的保护问题 ……………… 85
　一、优先股类别表决权的立法评析 ………………… 85
　二、优先股类别表决权容易受到侵害 ……………… 88
　三、优先股股东表决权恢复问题 …………………… 96
第四节　优先股股东的优先分红权的保护 …………… 104
　一、优先股股东的优先分红权所面临的侵害 ……… 104

二、优先股的优先分红权可能损害普通股尤其是
　　　　中小普通股股东的利益 ············· 108
　　三、优先股在优先分红权上的完善——强制分红
　　　　制度的引入 ··················· 109
　第五节　商业银行中优先股的保护问题 ········· 112
　　一、商业银行发行优先股的意义 ··········· 112
　　二、我国商业银行中的优先股面临的风险 ······· 114
　　三、降低商业银行优先股股东受侵害的风险的建议 ··· 116
　第六节　优先股股东与普通股股东的利益冲突的原因 ··· 117
　　一、优先股自身的特有属性是两者利益冲突的基本原因 ··· 117
　　二、基于优先股和普通股的信息不对称问题而产生的
　　　　委托—代理问题 ················ 119

第三章　优先股股东保护之理论与实践 ········· 121
　第一节　国外法律规范对优先股股东的保护 ······ 121
　　一、英美法系优先股法律制度 ············ 122
　　二、大陆法系优先股法律制度 ············ 131
　　三、英美法系与大陆法系优先股制度评述 ······· 140
　第二节　优先股股东保护的理论路径 ·········· 143
　　一、信义义务理论 ·················· 143
　　二、契约保护的理论视角 ·············· 148

第四章　国有企业中优先股的适用问题 ········· 157
　第一节　我国国有企业的治理困境 ············ 157
　　一、我国国有企业背景概述 ············· 158
　　二、国有企业分类治理的困境 ············ 159

第二节　优先股在竞争性国有企业改革中的制度功能 … 162
一、优先股成为国有企业融资的重要渠道 … 162
二、优先股在国有股减持和防止国有资本流失之间
　　实现了利益的平衡 … 163
三、优先股有利于国有资产保值增值 … 163
四、优先股有利于更好地发展混合所有制经济 … 164

第三节　优先股、黄金股注入国有企业的制度构想 … 165
一、适用优先股制度的国有企业的类型 … 165
二、明确国有优先股保值增值的价值导向 … 167
三、发达国家的黄金股法律制度及对我国的启示 … 171

第四节　国有优先股股东的保护 … 178
一、从契约理论角度保护国有优先股 … 178
二、从公司治理的视角探讨对国有优先股的保护 … 181

结　论 … 186

参考文献 … 190

第一章
优先股法律制度概述

第一节 优先股的概念及类型

一、优先股的概念

（一）优先股源于股东异质化

发行股份是公司融资的主要方式之一，公司通过股份的发行吸引资金用于公司运作，股份的购买者获得股东身份从而参与公司表决、分享公司收益并分担经营风险。虽然绝大多数股权投资的目的都是为了获取收益，但是事实上由于股东异质化的存在，即使是投资于同一公司的股东，其投资的目的和需求也不尽相同。一是股东的目的因人而异。一部分股东倾向于在短期内能够使投资获得高额收益而不在乎所投资的领域和项目是否是高风险的，另一部分股东则倾向于选择稳定持久的收益项目和领域，二者在风险偏好上存在明显的差异；二是股东在参与公司治理时很难表现出同质的能力，因此股东难以将自己的偏好适当地"输入"到集体决策的过程当中[1]。

更具体地来讲，根据现代股东投资目的的不同，阿纳巴塔维教授（Iwan Anabtawi）将其划分为相对应的五组：短线股东与

---

[1] 参见冯果："股东异质化视角下的双层股权结构"，载《政法论坛》2016年第4期。

长线股东；多元化股东与非多元化股东；内部股东与外部股东；公众和工会养老基金股东与营利性股东；套利型股东与非套利型股东[1]。与目的多样化的投资者相对应，公司为了在迎合投资者的目的和需求的同时获得更多的投资，就寻求对普通的股份制度的变更，例如对于希望所投入的本金获得固定收益的投资者，可以在公司有可分配盈余的情况下赋予他们的股份以固定的收益权；对于希望确保投资安全的投资者，可以赋予他们在公司破产清算时优先于其他股份分配公司剩余财产的权利。与此同时，公司将削减他们股份中的参与表决权作为固定收益及安全性的补偿，由于这部分投资者侧重于收益的稳定而不侧重于公司决策的参与，因此这样的设置兼顾了公司及投资者双方的利益需求，可以为公司吸引更多的投资。这部分经过了制度变更的股份较普通的股份有一定的优先权利，这就是我们所讨论的优先股。

（二）优先股的双重属性难以对优先股进行完整的界定

公司所发行的股份可以依照股东享有权益和承担风险的大小分为两类，即普通股与特别股。而特别股作为享有某种特别权利或者承担某种特别义务的股份又可进而划分为优先股及劣后股等类别股，其中较普通股享有更多权利的股份即为优先股[2]。我国证监会于2014年颁布的《优先股试点管理办法》（以下简称《管理办法》）第2条也对优先股进行了界定：本办法所称优先股是指依照《公司法》，在一般规定的普通种类股份之外，另行规定的其他种类股份，其股份持有人优先于普通股

---

[1] ImanAnabtawi, "Some Skepticism about Increasing Shareholder Power", *UCLA Law Review*, Vol. 53（2006）：564. 转引自：汪青松、赵万一："股份公司内部权力配置的结构性变革——以股东'同质化'假定到'异质化'现实的演进为视角"，载《现代法学》2011年第3期。

[2] 参见赵旭东主编：《公司法学》，高等教育出版社2006年版，第345页。

股东分配公司利润和剩余财产,但参与公司决策管理等权利受到限制。基于此,优先股相较于普通股而言具备三个特点:首先,优先股能够优先分配利润;其次,公司破产清算时,优先股可优先分配公司剩余财产,位次列于债权之后、普通股之前;最后,优先股一般情况下没有表决权,不能参与公司决策。

然而,上述特点并不能对优先股进行完整的界定。"相较于普通股享有优先权利"是优先股的基本特征,而至于具体在哪些方面享有优先权则更多地取决于各国法律及公司章程的规定,并不限于上述特点中所指出的几种优先权。正如Charles R. Korsmo所指出的:"优先股长期以来被认为是一种'异常证券'。事实上,优先股并不是一种单一的东西,对于优先股来说也并没有柏拉图式的理想。在每一次发行的优先股中,我们都没有发现任何单一的特征或一系列特征能够用来定义优先股。相反,伴随优先股的任何特定股份所有权的只是发行公司的章程中所规定的权利。"[1]

优先股之所以难以进行完整的界定,一定程度上是由于优先股性质的争议。优先股是在普通股的基础上进行权利义务的变通而形成的股份,因此其毋庸置疑地具有股权的性质。而与此同时,优先股股东将资本交给公司,但又约定了满足一定期限时可以赎回;优先股股东名义上是与公司共负盈亏的主体,但实际上其可按期获得固定的收益,不受公司经营状况的影响,且破产时可优先受偿。这些特征使优先股展现出了类似于基于合同而形成的债权的性质。美国宾夕法尼亚大学的William W. Bratton教授指出:"股东是公司性质的,债权人是合同性质的,他们的法律待遇之间有一道众所周知的墙,而优先股就在这道墙边。

---

[1] Charles R. Korsmo, "Venture Capital and Preferred Stock", 2013, *78 Brook. L. Rev.*, p.1163.

持股人将按照相同的公司代码和章程发行的优先股作为普通股的一部分收取。从孤立的角度来看，优先股票具有与普通股票相同的脆弱性，并存在于相同的权利和义务制度中。之后发行人将合同权利赋予到股票之上（该合同权利是指在规定的日期获得一定金额的偿付权，无论是资金优先权还是类似债务的权利），从而使其成为优先股。""优先股位于公司法和合同法这两大私法范式之间的断层线上。它既不是公司范式的，也不是合同范式的，相反，它同时利用了两者。这种重叠涉及两种基本准则，并使它们发生冲突。一方面，公司范式要求对普通股进行管理以实现价值最大化，因为股东是剩余利益持有人；另一方面，合同范式要求对分担合同风险的各方进行管理以实现价值最大化。当出现与优先权和普通权有关的问题时，这些范式可能会得出相互矛盾的答案。决策者会在两者之间作出选择，有时适用公司法原则，而有时则选择合同法框架。因此，法律会摇摆不定。然而这并不意味着法律永远不会划清界限。有时必须作出明确的分类安排，并将优先顺序有效地归在债务—股本界限的某一边。例如，银行资本规则将优先股视为权益（有时与普通股并驾齐驱）。一般公认会计原则（GAAP）将一些优先股列为债务，即使它们在形式上是股票，而另一些优先股则被列为权益[1]。"上述关于优先股性质的争议具有一定的合理性，由于这一争议的存在，导致优先股在一定条件下仅在形式上是与普通股相对应而出现的概念（形式上均为股权），而实质上可能是区别于股权的债权。这使得优先股的概念更加复杂化。

---

[1] William W. Bratton, Michael L. Wachter, "A Theory of Preferred Stock", 2013, *161 U. Pa. L. Rev.*, p. 1815.

由此，优先股本质上属于类别股[1]的一种。法律对优先股的基本权利和义务拟定一个框架，给予发行方和投资方以最大的空间，以最为灵活的方式进行投融资，投融资双方基于各自需求，对优先股的利润分配权、剩余财产分配权和表决权进行最优的安排。

二、优先股的类型

依照分类标准的不同，可将优先股划分为以下几种类型：

（一）累积性优先股和非累积性优先股

依照分配公司盈余是否可累积，分为累积性优先股和非累积性优先股。公司每年的经营状况不尽相同，若有些年度盈余不足甚至亏损，则会影响到股息的分配。优先股具备每年按照固定比例分配股息的特性，但是一旦公司盈余不足以向优先股股东分配足额股息，此时有两种处理方式：一种方式是公司先将本年度的盈余进行分配，或者与优先股股东协商本年度暂停分配股息，未分配的股息累积到下一年度，若公司下一年度有大量盈余，则除发放本年度股息外还要补足上年度未发放的部分，若下一年度仍没有足够盈余分配给优先股，则继续累积；另一种方式是以公司本年度的盈余为限进行分配，分完为止，下一年度仍按固定比例分配股息，不再弥补上年度未分配的部分。前者即为累积性优先股，后者为非累积性优先股。我国《管理办法》第28条规定了累积优先股，即公司未向优先股股

---

[1] 例如，英国《2006年公司法》第629条第1款规定，"基于本法之目的，如果附随于股份的权利在各方面一致，这些股份就属于一个类别"；《美国标准公司法》第6.01节规定，公司可以通过章程对其发行的类别股详细事项进行规定；《特拉华州公司法》第151条规定，"每个公司都可以发行一种或者一种类别以上的股份，每个类别都可以发行一种或者一种以上的系列"。参见冯果："股东异质化视角下的双层股权结构"，载《政治论坛》2016年第4期。

东足额派发股息的差额部分,累积到下一个会计年度。

(二) 参与优先股和非参与优先股

依照能否分配固定股息之外的利润,分为参与优先股和非参与优先股。普通股每年分配到的股息取决于公司当年的盈余状况,若该年度公司盈余较多,则在分配完优先股的股息后还能向普通股分配剩余的利润。此时有些优先股虽然已经得到了固定的股息,但仍可以同普通股一起再次进行剩余利润的分配,这种优先股就是参与优先股。与此相应的是非参与优先股,即分配完固定的股息后无权再参与剩余利润的分配。我国《管理办法》没有排除参与优先股的存在,第9条规定:优先股股东按照约定的股息率分配股息后,有权同普通股股东一起参加剩余利润分配的,公司章程应明确优先股股东参与剩余利润分配的比例、条件等事项。

(三) 固定股息率优先股与浮动股息率优先股

依照分红率是否可变化,分为固定股息率优先股与浮动股息率优先股。优先股通常是股息固定的,每年度无论经营状况有何差别均按照固定股息予以分红,这种优先股称为固定股息率优先股。但是并非所有优先股的股息都是自始至终毫无变化的,有时公司会在优先股协议中约定分红率可以随相关条件(例如银行利率)的变化进行调整,这种优先股称为浮动股息率优先股。此种分红率规定具有一定的弹性,便于对公司与投资者之间、普通股与优先股之间的利益进行动态调整和平衡,而固定股息率优先股虽缺乏弹性,但信用较高,利于优先股股东利益的保护。[1]我国《管理办法》第16条允许固定股息率和浮动股息率两种类型的优先股的存在,并授权公司章程来约定股

---

[1] 王会敏:"优先股股东权利保护法律制度研究",山东大学2017年博士学位论文。

息率的计算[1]。

（四）可转换优先股与不可转换优先股

依照优先股是否可以转换成普通股为标准，优先股可以分为可转换优先股与不可转换优先股。可转换优先股是指某一条件成就时，依照已经约定好的比例或者价格转换成普通股。可转换优先股常被发行方用于反敌意收购中以稀释敌意收购人所持的公司的表决权。但我国《管理办法》禁止上市公司发行可转换优先股：《管理办法》第33条规定，上市公司不得发行可转换为普通股的优先股。但商业银行可根据商业银行资本监管规定，非公开发行触发事件发生时强制转换为普通股的优先股，并遵守有关规定。

（五）可回购优先股与不可回购优先股

依照公司是否可以依照一定价格向持有股份的优先股股东回购其原先发行的优先股为标准，优先股可以分为可回购优先股与不可回购优先股。依照《管理办法》第13条的规定，发行人回购优先股包括发行人要求赎回优先股和投资者要求回售优先股两种情况，并应在公司章程和招股文件中规定其具体条件。

（六）强制分红优先股和非强制分红优先股

依照在公司有可分配税后利润时，公司是否必须分红为标准，可分为强制分红优先股和非强制分红优先股。公司可以在章程中规定，在有可分配税后利润时必须向优先股股东分配利润的，是强制分红优先股，否则即为非强制分红优先股。我国

---

[1]《管理办法》第16条：公司章程中规定优先股采用固定股息率的，可以在优先股存续期内采取相同的固定股息率，或明确每年的固定股息率，各年度的股息率可以不同；公司章程中规定优先股采用浮动股息率的，应当明确优先股存续期内票面股息率的计算方法。

《管理办法》第 6 条第 2 款的规定[1]认可两种优先股的存在。

三、优先股的历史起源和发展[2]

优先股的历史十分悠久,早在公司制度产生的初期即 16 世纪前后就已经出现了优先股[3]。优先股的首次大规模运用源于大型基础设施建设项目中的融资需求。19 世纪上半叶在英美等国兴起了铁路和运河修建潮,此类项目的特点在于资金需求量巨大,同时项目回报期长,难以在短期内获得投资回馈,并且项目发起人还希望在融资的同时保留对项目的控制权。这意味着通常的普通股融资将难以吸引投资者参与,而且债权融资又有一定的比例限制,导致公司融资能力薄弱,抗风险能力差,经营困难。[4]在这种现实需求的推动下,铁路公司谋求在普通股制度的基础上进行变更,赋予其一定的优先权利,使其风险降低(收益固定)而又能解决融资问题。本书主要以美国的优先股对象的演变为例展开研究。

(一)第一阶段:萌芽期

美国的优先股实践最早起源于 18 世纪 80 年代的铁路、航运行业发展时期[5]。1836 年,马克里州政府通过 2 家铁路公司以

---

[1] 《管理办法》第 6 条第 2 款:同一公司既发行强制分红优先股,又发行不含强制分红条款优先股的,不属于发行在股息分配上具有不同优先顺序的优先股。

[2] "优先股制度的国际经验和在我国的发展过程",百度文库网站 https://wenku.baidu.com/view/1f3521f8be23482fb5da4c95.html?from=search,2018 年 4 月 14 日访问。

[3] 参见曹立:《权利的平衡:优先股与公司制度创新》,中国财政经济出版社 2014 年版,第 61 页。

[4] 参见曹立:《权利的平衡:优先股与公司制度创新》,中国财政经济出版社 2014 年版,第 62~63 页。

[5] 参见薛亢:"论中美比较法视野下的我国优先股规则构建及相关法理反思",南京大学 2015 年硕士学位论文。

及3家运河公司认购股票,该州政府要求企业以每年6%的股利率优先发放偿还本息,这成为美国优先股制度在实践中的萌芽[1]。此后优先股在美国范围内逐渐从铁路等公共行业普及到其他公共行业,成为经济危机时投资股票的首选。在这一时期,优先股的功能主要是为了解决融资的困难,类别较为单一,它与普通股相比的差别主要是经济权利的优先性,因此在这一时期优先股被视为在制度上比普通股更加优越,政府因而对优先股的发行适用特许制度,以防止公司过度发行优先股损害普通股股东的权利。此后,在通讯和公路等基础设施建设的带动下,全国性市场开始形成,并带动了制造类企业的发展,优先股迎来其蓬勃的发展期。

(二)第二阶段:曲折成长期

19世纪70年代,随着第二次工业革命蓬勃发展,美国的经济一度处于快速发展时期,石油、化工等工业行业占据着发展的主流。经济的快速发展带来的是企业融资的需要,大量的企业出于兼并其他企业以及产业集中等等的目的,开始广泛地运用优先股。这一系列基于新兴的工业企业而产生的优先股被称为工业优先股。资料显示,1928年美国优先股的发行量占到了全国证券发行量总数的20%[2],这充分反映了优先股已经进入了发展的黄金时期。在这一时期,优先股的类型得到了极大的丰富,优先股与普通股的区别也逐渐清晰,尤其在表决权方面,如越来越多的企业发行无表决权优先股,可转换优先股等也相继产生并得到了广泛的适用,原有的优先股发行特许制也明显

---

[1] 参见董文汇:"中美优先股制度比较研究",中国海洋大学2015年硕士学位论文。

[2] "优先股制度的国际经验和在我国的发展过程",百度文库网站 https://wenku.baidu.com/view/1f3521f8be23482fb5da4c95.html?from=search,2018年4月14日访问。

无法适应时代的发展,因此美国各州纷纷放弃特许制,改为设定优先股的发行条件,满足条件即可发行优先股。

然而作为新事物,优先股制度在美国的发展也并非一帆风顺,而是在曲折中前进的。其中较为重大的变化出现在20世纪30年代大萧条期间,陷入财务危机的公司侵害优先股股东剩余财产分配权,公司拒绝对优先股进行赎回、拒绝优先股股东参与对剩余价值的分配、通过资本重组拒绝支付优先股股息,优先股市场因此出现过沉寂。优先股股东权利难以得到保障的现实显示了优先股条款设置的漏洞,随后,学界展开完善优先股条款的研究,优先股制度得到进一步完善[1]。至20世纪70年代,随着公司资产负债率的提高,需要优先股来改善资本结构与风险,在这一时期,优先股作为一种特殊的融资工具,拥有其特有的优势,助力企业发展,进一步完善后的优先股在企业融资中扮演了重要角色。

(三) 第三阶段:成熟期

20世纪80年代,金融行业也开始了创新革命,优先股得到了长足的发展,类型更加多样化,股息的支付方式也更加灵活。优先股的适用范围有较大的变化,在此之前发行优先股的公司主要以电力、石油、化工、自来水和电话公司等公共行业为主,这些公司优先股的发行量占据了每年发行额的2/3。从1982年以后,这一格局发生了变化,代表基础公用事业的公司逐步减少了优先股的发行,而金融行业的公司,如银行、保险公司等,则成为优先股发行的首要主体。到1992年,金融机构所发行的优先股已占到其所发行股份总量的62%[2],即已超过了普通股

---

[1] 丁楹:"从美国优先股制度发展历程看中国转轨时期优先股制度的建立",载《中央财经大学学报》2013年第5期。

[2] 参见[美]弗兰克·J.法博齐编著:《固定收益证券手册》,任若恩、李焰等译,中国人民大学出版社2005年版,第296页。

的发行量而占据了金融行业股票发行的主导。互联网、电信等新兴行业开始蓬勃发展，大大推动了优先股发展的进程。与此同时，优先股开始广泛运用于风险投资项目中，超过95%的风险投资项目都使用了可转换优先股[1]，并由此促进了社会经济的发展。从用途上来看，资料显示，据1981~1987年间对优先股各类别发行量的抽样统计，可转换优先股和可赎回优先股占到了优先股发行总量的90%左右，而可变股息优先股等其它类别的优先股则仅占10%左右[2]。发行可转换优先股和可赎回优先股是并购融资的重要方式之一，由此观之，优先股更多地成了企业兼并的手段，单纯用来为投资者营造稳定收益的用途范围被缩小。

从上述发展历程我们可以得知，优先股在美国的发展起源于公共基础设施领域，其早期的功能设置是赋予股东优先分红与清算的权利，并剥夺其表决权。由于优先股股息优先而且相对固定，优先股的定价比较容易，在早期的公开资本市场信息不对称比较严重的那样一个时代，优先股更容易被早期的投资者所接受。同时，由于优先股股息可以被省略掉而不至于导致公司破产，优先股为早期的铁路公司和产业公司提供了财务上的灵活性[3]。由此可见，早期优先股的债权特征是非常明显的。而后随着优先股功能的扩充和适用领域的拓展，相应的对

---

[1] 参见：Steven N. Kaplan, Per Stromberg, "Financial Contracting Theory Meets the Real World: An Empirical Analysis of Venture Capital Contracts", *The Review of Economic Studies*, 2003, Vol. 70, No. 2, p. 286. 转引自：余世宽："中国优先股制度研究"，华南理工大学2014年硕士学位论文。

[2] "优先股制度的国际经验和在我国的发展过程"，百度文库网站 https://wenku.baidu.com/view/1f3521f8b e23482fb5da4c95.html，2018年4月17日访问。

[3] 高劲："企业为什么选择发行优先股？——企业财务困难的预期成本与普通股定价状况的分析"，载《浙江社会科学》2005年第3期。

优先股的规制和保护也有了更为详细的规范，优先股展现出了明显区别于债权的特性，其股权的特征逐步得到了凸显。从上述优先股制度的演变过程可以看出，优先股制度在后期不断予以改进到最后完善阶段的一系列过程都是在特定的历史经济背景下的产物。由此可见，美国优先股对象的演变与其经济转型发展有着紧密的联系。从开始的大工业时代政治需求的推动，以及基础设施迫切的资金需求的推动，到后来的资本市场的需要推动着优先股制度的完善，使其类型趋于复杂，更能适应新时代的融资需求。

（四）我国优先股制度的发展

同时，在20世纪80年代，我国开始了改革开放，股份制开始推进，优先股制度也开始萌芽。但是，由于中国证券市场刚刚起步，人们普遍对于优先股制度缺乏充分的认识，这一时期的优先股出现在各种类型的企业中，公司于税前向优先股股东支付固定利息，之后优先股还能按出资比例参与剩余的分红，展现出类似于债权的特征。到了20世纪90年代，随着如《股份有限公司规范意见》等法律文件的颁布，正式规定"公司设置普通股，并可设置优先股"。这个规范被视为中国优先股制度的开创性文件，并带动了早期中国市场上优先股的实践。在上述文件颁布后，深圳发展银行、深圳万科股份有限公司、衡阳飞龙实业股份有限公司、杭州天目药业股份有限公司等发行了优先股，成为中国最早期公开发行的优先股样态。随后，因为《中华人民共和国公司法》（以下简称《公司法》）中相关规定的缺位，即优先股在法律制度层面仍有大片空白，优先股的实践陷入停滞状态。

2005年11月，国务院出台了《创业投资企业管理暂行办法》（以下简称《暂行办法》），第15条指出：经与被投资企业签订投资协议,创业投资企业可以以股权和优先股、可转换优先股等准股权方式对未上市企业进行投资[1]。优先股首次被定义为一种准股权投资方式,其地位得到了法规的明确规定。2013年,国务院出台了《国务院关于开展优先股试点的指导意见》(以下简称《指导意见》),随后在2014年证监会出台了《优先股试点管理办法》,对优先股制度进行了较为详细的规定。至此,我国的优先股制度已进入了广泛适用的阶段。

第二节 优先股制度的理论背景——兼论美国和法国优先股法律制度之理论基础[2]

法国优先股制度改良自美国。然而,优先股在法国市场上"遇冷",在美国市场上却得到广泛应用。优先股市场接受度不同的重要原因可归结为优先股法律制度在功能上的差异,而这一差异则源于各国审视优先股的理论视角不同。我国优先股的制度内涵显现出法国法的某些典型特征,法国和我国学界认为优先股是一种股份,而美国学界则将优先股置于公司法与合同法的断层之上。针对我国优先股存在的可预见性的问题,应重新定位审视优先股的理论视角,激发优先股的市场活力。

---

[1] 《创业投资企业管理暂行办法》,百度百科网站 https://baike.baidu.com/item/%E5%88%9B%E4%B8%9A%E6%8A%95%E8%B5%84%E4%BC%81%E4%B8%9A%E7%AE%A1%E7%90%86%E6%9A%82%E8%A1%8C%E5%8A%9E%E6%B3%95/9738419?fr=aladdin, 2018年4月17日访问。

[2] 李晓珊、倪受彬:"优先股的制度功能及理论视角之比较分析",载《证券法苑》2014年第3期。

一、问题的提出

[**案例1**]：法国最高法院民事审判庭于1946年6月4日针对"Motte"一案作出判决[1]：在股份有限公司中，优先股不能享有高于其他股份的特权，对公司领导人更无权撤换，因为公司的董事、经理等管理层人员的任命和撤换，均需严格遵照公司法的一般性规则。因此，法国优先股股东须遵循公司的等级制度。

[**案例2**]：原告Baron是被告美国Allied Artists Pictures Corp.的普通股股东。该公司章程规定，当公司六个季度没有分配优先股红利时，优先股股东有权选举公司董事会多数成员。然而由优先股股东选举的公司董事会在公司经营状况好转的情况下，仍然做出不分红的决议。作为公司普通股股东的原告对此提出异议，请求法院指定主持人，由普通股股东重新选举董事。法院认为，支持原告的这一主张将会带来很多不利于公司经营的后果。无论是普通股股东选举的董事会，还是优先股股东选举的董事会，董事会的义务都是相同的，都应当考虑公司的经营情况，根据商业判断规则决定是否分红[2]。

显然，相较于美国法，法国法对于优先股股东的权限给予了更多的约束，而美国法则更多地通过授权公司章程来约定优先股股东的权利。自优先股制度在法国实施以来，除了法国兴业银行、法国国民银行、阿海珐核能工业公司（唯一发行优先股的上市公司）和少数中小型创业企业发行过优先股[3]以外，

---

[1] Y. Guyon, Les sociétés, Traité des contrats, LGDJ, 5e éd., 2002, n°156.

[2] Baron v. Allied Artists Pictures Corp., 337 A. 2d 653.

[3] Lefèvre Pelletier & Associés, Avocat：Les actions de préférence, http://www.lpalaw.com/documents/agenda/169_PRES_Actions_de_preference_19_avril_2012_version-=_ongue-19h.pdf, 2014年7月15日访问。

优先股的使用率很低。

与之形成鲜明对比的是，美国优先股市场自20世纪90年代快速发展，至2012年达到3782亿美元，优先股的发行量已经远超普通股的IPO的发行量[1]。在风险投资领域，优先股也是投资者们青睐的模式。另外，它还被广泛地运用到金融领域。优先股的经济价值早已经凸显出来。

2014年，我国证监会发布《管理办法》，该《管理办法》以借鉴法国为主，兼及美国模式，但主要反映出以法国为代表的大陆法系成文法的典型特征。

制度经济学派认为，制度也是影响交易成本的一项重要因素。法国优先股制度借鉴于美国，但优先股的市场接受度在法、美为何会有天渊之别？优先股法律制度的差异是造成这种现象的重要原因，而制度的差异则是源于两国审视优先股的理论视角的不同。优先股制度究竟应以"规则化为主"的公司法视角来看待，抑或以"更多强调自治"的公司法与合同法的交叉定位来对待？这是影响美、法两种模式迥异的市场接受程度的重要问题，也是中国优先股将何去何从，以及能否还原优先股制度设计初衷的关键。

二、"失意"的法国优先股制度

法国立法者所期许的完美设计是一方面保障优先股的优先权，另一方面限制其过度干预公司的事务和发展。2004年的法

---

[1] 从1999年至2005年，美国公司发行了超过8680亿美元的优先股，而通过IPO仅融资3740亿美元，通过增发新股仅融资5900亿美元，Jarl G. Kallberg et al., *Preferred Stock: Some Insights into Capital Structure*, 2013, 21 J. Corp. Fin. pp. 77~78. See Jarl G. Kallberg et al., Preferred Page 53 161 U. Pa. L. Rev. 1815, ∗1906 Stock: Some Insights into Capital Structure 8 (Feb. 2008) (unpublished manuscript), available at http://papers.ssrn.com/id=1108673.

律改革已使优先股具备很大的自由性，发行者与投资人之间可以在一定范围内自由组合不同类型的优先股，然而，为何其使用率较低？优先股的遇冷倒逼学者们反思优先股的制度设计及审视优先股的理论视角。

(一)"完美"的二维度——保障与限制优先股的权利

1. 保障优先股的优先权

优先股的优先权体现在物质性优先权和非物质性优先权两方面。

上市公司可以针对优先股创设多种物质性优先权，即优先股发行者可以根据所发行的不同类型的优先股份来自由组合优先股的优先权[1]。其非物质性优先权主要体现在优先股股东享有优先知情权。优先股股东有权从公司会计监察人处获得关于优先股股东特殊权利内容的报告（法国《商法典》法律第 L228-19 条），这在中型公司或者家庭管理模式的公司中较为常见。

2. 对优先股优先权的限制——优先股应当遵循公司法的一般性规则

首先，优先股在收益方面受到限制。第一，在公司无利润时，优先股也无权获得收益；第二，"狮子条款"的禁止对优先股同样有约束力[2]。优先股既不能独占所有的收益，也不能承

---

[1] 优先权的分配可以是累积式、递增式、递减式或者定额式，也可以根据公司的实际情况而变动。具体表现在：第一，优先股可享有比其它种类的股份更多的股利；第二，优先股也可在股利分配的顺序上享有优先权，因此，当年利润只能满足优先股分配时，普通股则无机会参与股利分配，此谓"先取权"；第三，优先股股利还具有可累积性：如果当年利润不足以在优先股中分配的，则可以在今后的年度利润中优先抽取；第四，在公司清算时，优先股股东还可以享有优先分配权：一方面他们可以在其他股东之前获得优先补偿，另一方面他们可以在清算性财产中获得更多的份额；最后，优先股还可以在公司资产转让的收益上享有优先分配权。

[2] 法国《民法典》第 L1844-1 条第 2 款对公司中的"狮子条款"作了禁止性的规定：如公司章程中规定公司所有的收益均由某一股东获得或公司的亏损均由某一股东承担，则此条款自始无效。

担公司所有经营损失。当然，公司章程也不能规定公司将来的收益全部分配给优先股股东；

其次，在公司回购股份时，如果公司章程规定优先股可以被公司收购，并且回购导致了股份的注销和非因亏损所致的减资[1]时，公司的债权人可以根据《商法典》法律第L225-205条第1款[2]的规定提出反对意见[3]；

最后，遵循公司的等级制度和自治（参见本章前述"motte"案例）。优先股不能享有高于其他股份的等级式的特权，对公司领导人更无权撤换，因为公司的董事、经理等管理层人员的任命和撤换，均需严格遵照公司法的一般性规则。

(二) 优先股受到质疑

1. 如何确定优先股的理论上的价值

一方面，法国《商法典》第L228-11条不允许创设权利劣后于普通股的优先股；而另一方面，对优先股权利的剥夺仅限于其投票权受限。因此，当优先股被剥夺投票权时，它们应当被赋予某种特殊权利以作补偿[4]。此时，问题出现了：如何确定需要补偿的所谓"差额"？即如何确定优先股的理论上的价值？这很困难，因为其理论上的价值等于普通股的价值加上因其可能

---

[1] R. Mortier, Rachat d'actions et actions rachetables: Rev. Sociétés 2004, p. 639, spéc. n°34.

[2] 法国《商法典》第L225-205条第1款：当股东大会决议减资时（非因亏损减资），凡是在会议记录置备于公司之前产生的债权，其全体债权人代表可以在会议记录置备于公司之日起二十日内对此决议提出异议。

[3] 法国《商法典》第L228-11条第2款：公司减资分为因亏损而减资和非因亏损而减资。在前种情况下，优先股享有优先权，而在后种情况下，优先股的优先权则受到法律的限制。

[4] P. LE CANNU：RTD com. 2004, p. 534.

被剥夺投票权而应获得的补偿性价值[1]。如果无表决权的优先股不能得到合理的补偿,优先股就丧失了所谓的优先性了。

基于此,有法国学者认为,在这种情况下,优先股只是一种具有差异性的股份,而不是具有优先性的股份[2]。这种所谓的"差异性"不足以构成优先股的必要特征。

2. 如何衡量公司发行的优先股数量是否超过了法律的规定

当优先股无投票权[3]时,法律对此类股份的数量作了严格限制。在非上市公司中,无表决权的优先股所占的股份比例不能超过注册资本的50%,在上市公司中,不能超过注册资本的25%(法国《商法典》第L228-11条第3款),如有违反此规定发行的,视为无效发行[4]。

如何衡量公司发行的优先股是否超过了法律的规定?无投票权的优先股仅仅是指自始发行的优先股吗?还是包括随后被取消了投票权的股份,或者根据法律或公司章程的规定被暂停了投票权的股份?法律并没有给出确定的答案。但是如果即使某些优先股的投票权只是被暂时剥夺,也要将所有没有投票权的优先

---

[1] D. Martin, C. Fallet, Actions de préférence: Une réforme pour un nouveau mode de dinancement des entreprises, Rev. la semaine juridique 2012, p. 396, n°8.

[2] A. Viandier, Les actions de préférence: JCP E 2004, p. 1440, spéc. n°8.

[3] 法国《商法典》第L228-11条第2款:如果优先股创设时拥有投票权,投票权可以被调整、被暂停、甚至被取消。投票权被调整:例如,投票权被限制在特别股东大会中,或者仅限于对某些决议(例如对优先股股东的权利进行改变时)有投票权;投票权被暂停:例如当优先股获得了比先前更多的收益时,其投票权可以被取消。

[4] 《商法典》第L228-29-10条第1、2款规定,适用前述法条的规定时,应当将公司中已发行的享有股利优先分配权而无表决权的股份和投资证书一并计算在内;即使这些有价证券在将来可能因其特性而获得投票权。例如,一个非上市公司要发行占有其注册资本40%的无表决权的优先股或投资权证,那么将来它能够发行的无表决权的优先股不能超过其注册资本的10%。

股都计算进来,是否合理[1]? 按照法律规定,如果优先股股东仅在某些特殊情况下享有投票权[2],这些优先股也要被认定为"无投票权"。严格的计算方式对应的是严格的处罚。根据法国《商法典》第 L228-11 条第 4 款规定,如果前述有价证券的所占注册资本的比例超过法定最高限额,超过限额的股份则应当被废除。是否废除是由法官自由裁量的,然而,一旦被废除,意味着所有此类型的股份都要被废除。这种司法行为的影响将是巨大的。

3. 优先股的发行规则是否过于严苛

法国优先股在实践中遇冷,还有一个重要原因:优先股的发行规则比较严苛,降低了投资者和发行人的热情。特别股东大会是唯一有权根据董事会的报告和会计监察人的报告决定优先股的创设的机关(法国《商法典》第 L228-12 条)。优先股设立的初衷是满足公司融资的迫切需要。因此,当公司急需融资时,这一规定显然增加了发行优先股的成本。

4. 优先股的分红制度是否适当

法国优先股的分红方式有两种:一是由公司特别股东大会确定;二是由章程确定。很多法国学者亦认为,美国优先股的相关规定是可取的:它能够保证优先股股东获得分红,并且董事会有权决定其分红与否。

5. 对优先股股东保护过度抑或保护不力

首先,保护优先股股东的举措未见得能够发挥真正的作用。

---

[1] Dans le même sens: A. Viandier, Les actions de préférence: JCP E 2004, 23. - J. - J. DAIGRE, L'aménagement du droit de vote: RD bancaire et bourse 2004/5, p. 266. - A. COURET et H. LE NABASQUE, Valeurs mobilières et augmentation du capital, éd. F. Lefebvre, 2004, n°535. - Mémento Lefebvre Sociétés commerciales 2005, n°18198. - Comité juridique de l'ANSA, 3 nov. 2004.

[2] 例如,对优先股股东享有的权利进行改变,公司形式的变更或公司提前解散等。

"在公司资产变动时或者资产折旧时,特别股东大会或者公司章程需事先考虑到对优先股所享权利的影响(法国《商法典》第L228-16条)。"但是这种"影响"如何量化?如果实际的"影响"与特别股东大会或者公司章程所考虑的"影响"不一致,优先股股东又有何申诉途径?

其次,公司并购或分立时对优先股的保护是过度抑或不力?公司并购或分立时,对于优先股有两种保护路径:一是优先股与存续公司的股份平等兑换[1];二是如果考虑到优先股将要失去的权利,优先股则享有特别的兑换率。而实践中,优先股的权利很难不受到公司并购或分立的影响。以优先股享有的特殊的政治性的权利为例,一个公司中的某种政治性权利在另一个公司中很可能代表另一种不同的含义。

因此,如果未能赋予优先股同等的权利,那么被并购或被分立公司的优先股类别股东大会即有权阻止此项并购或分立[2]。这表明,优先股股东被法律赋予了能够对抗公司领导人的权利。这对于优先股股东来说,是一种捍卫自己权利的砝码,他们有更多的机会去获得更有利的股份兑换比率,从而获得比优先股的理论价值更高的溢价[3];但这对公司似乎构成了一种威胁,

---

[1] 法国《商法典》第L228-17条。2004年9月30日参议院公报也再次明确了优先股在公司并购或分立后权利的对等性。

[2] 公司的并购或者分立需要经过优先股股东的同意(须经出席类别股东大会的股东所持表决权三分之二以上通过方为有效)(法国《商法典》第L228-17条第2款、第L225-99条和第L225-96条)。D. Martin, C. Fallet, Actions de préférence: Une réforme pour un nouveau mode de dinancement des entreprises, Rev. la semaine juridique 2012, p. 396, n°8.

[3] Françoise Monod et Roy Arakelian: Droits nouveaux attachés aux actions de préférence en cas de fusion: une solution pour les liquidation preferences, Décideurs: Stratégie, Finance et Droit, n° 58, 15 octobre-15 novembre 2004; Françoise Monod: Trois innovations révolutionnaires pour les actions de préférence, Capital finance, n° 728, 2 novembre 2004.

第一章 优先股法律制度概述

因为有时仅是几个优先股股东的反对就导致公司分立或并购的流产。所以，有些上市公司不愿意发行优先股。

（三）优先股是什么？——法国立法者将优先股纳入《商法典》

2004年6月以前，法国法规定了多种形式的具有优先性质的有价证券以满足发行者和投资者的需要，主要有（旧）优先股（action de priorité）、投资证书（certificat d'investissement）、无表决权的股利优先分配股（action à dividende prioritaire sans droit de vote）。但是，上述几种旧式的优先性质的股份在市场上并没有取得成功。因此，2004年，实践者和立法者们以极高的热情凭2004-604号法令将优先股（action de préférence）引入法国商法。此后，前述三种具有优先性质的有价证券已经发行的可继续存续，但今后不得再发行；公司若发行优先股，只能依照第2004-604号法令的规定来进行。

作为2004-604法令的推动者，法国企业联合组织曾认为，优先股是介于股份和债券之间的一种新型的有价证券[1]。但是2004-604号法令明确指出，优先股占有一定比例的注册资本，是股份的一种[2]。优先股被置于法国《商法典》的第二卷（商事公司和经济利益联合组织）——第二篇（各种商事公司的特别规定）——第八章（股份公司发行的有价证券）之中，适用于优先股的条款即《商法典》第L228-11条及其后诸条。优先股可以由所有的股份制公司发行，包括：股份有限公司，股份两合公司，简式股份有限公司。

---

[1] Medef, Les actions de préférence: pour une modernisation du droit des valeurs mobilières, mai 2001, p. 4.

[2] Alain Viandier: Les actions de préférence (ordonnance n°2004-604 du 24 juin 2044, article 31), JCPE, n°40, 30 septembre 2004, p. 1529.

法国优先股未获得市场的广泛接受,究其原因,在于制度的功能价值未能很好地发挥作用,而这源于法国公司法的理念。传统上,公司被看成是一种可以"产生法人"的合同[1]。但是,亦有法国学者认为,从合同角度看待也存在问题。因为在起草公司章程时,参股人的意志仅能起有限的作用。公司的章程往往要按照法律的强制规定来制定。因此,公司还是一种制度,其次才是一项合同[2]。因为,尽管参股人加入公司都是出于自身的意愿,但公司设立之后,参股人的个人意志即告"隐退",公司股东仅能在法律规定的形式中进行选择,仅能在细节问题上变更这些法定的模式[3]。由此,法国优先股制度即是在此立法理念下产生的。

优先股在很多情况下未能满足其"优先性",而不过是一种具有"差异化"的股份,优先股制度应当更多地授权公司章程,使得不同类型的公司得以依据自身的情况来设置优先股,即股份的类别化。因此,法国学界意识到:"现行公司法的缺陷之一,就是毫无益处地复杂化[4]。如果我们想要保持公司的效率,'非规则化'看来是势在必行。"

综上,法国风险投资发展遇到挫折固然是一个重要原因,

---

〔1〕 [法]哈迈勒·G. 拉咖尔德、茹夫雷:《商法》,第2版,第1.2卷第383节,转引自:[法]伊夫·居荣:《法国商法》第Ⅰ卷,罗结珍、赵海峰译,法律出版社2004年版。

〔2〕 [法]伊夫·居荣:《合同简论,公司(章程与参股人协议的调整)》,第3版,第8节,欧洲共同体法院,1992年3月10日判决,《JOLY简报》,1992年,参见第247节,第767页,J. B. 布莱兹述评,转引自:[法]伊夫·居荣:《法国商法》第Ⅰ卷,罗结珍、赵海峰译,法律出版社2004年版。

〔3〕 克沃尔基安:"对1966年法律的几点实用主义的批评意见",载《司法通报》,1968年,"学理部分",1997年,转引自:[法]伊夫·居荣:《法国商法》第Ⅰ卷,罗结珍、赵海峰译,法律出版社2004年版。

〔4〕 [法]伊夫·居荣:《法国公司法》第Ⅰ卷,罗结珍、赵海峰译,法律出版社2004年版,第91页。

但也因优先股制度成本增加,而未能帮助激活企业和投资者的热情。因此,法国学界认为,对优先股制度进行改革势在必行。

三、美国优先股制度——类别股之典型

美国《标准商事公司法》中没有搜索到"优先股",而以类别股代之。与法国的强行法不同,《标准商事公司法》作为各州公司法的范本,仅有第6.01条、6.02条和10.04条对类别股进行规制,并将类别股的创新与设置授权给公司章程,且第6.01条(f)指明该法对股票种类或系列的优惠、限制及其相关权利的规定并不是穷尽的[1]。

制度是行为的限制[2],那么,美国范式的优先股法律制度是否扮演了优先股发展的助力引擎的角色?

(一)如何破解优先股在市场中的适用难题?——还原意思自治原则

美国法俨然已经打破了股份称谓、概念上的局限,促成了公司融资最大限度的灵活性与适应性[3],即美国法采取的是授权式立法,还原公司和优先股股东之间的意思自治。

第一,在优先股的发行方面,美国《标准商事公司法》和《特拉华州普通公司法》均赋予公司章程很大的权力。《标准商事公司法》第6.02条规定了优先股的设置方式,充分体现了美国授权型立法的模式:公司章程可以授权董事会发行优先股而无需经过公司股东的同意。即管理层可以根据章程自行设立优

---

[1] 梁胜、易琦:"境外优先股法律制度比较研究",载《证券法苑》2013年第1期,第439页。

[2] [美]道格拉斯·诺斯:《制度、制度变迁与经济成就》,刘瑞华译,时报文化出版社1994年版。

[3] 于莹、潘林:"优先股制度与创业企业——以美国风险投资为背景的研究",载《当代法学》2011年第4期。

先股,并且法律对发行优先股的程序和种类并没有做出具体规定。《特拉华州普通公司法》则规定,公司的管理层只要根据章程或章程修正案即可发行优先股,设定优先股的权利或者对优先股的权利进行改变、转换。

第二,优先股股东有决定公司董事的可能。美国公司可以根据章程的授权,创设拥有选举公司董事投票权的优先股,即对公司日常经营管理事务具有干预权。在本章前述案例,即 Baron v. Allied Artists Pictures Corp.[1]一案中,当公司六个季度没有分配优先股红利时,优先股股东有权选举公司董事会多数成员。但是,对这一权利仍有限制:由优先股股东选举的董事会,仍然需要遵循一般性的公司法的规则,即无论是普通股股东选举的董事会,还是优先股股东选举的董事会,董事会的义务都是相同的,他们作为公司和所有股东的受托人,对公司和所有股东负有信义义务[2]。

第三,分红与否可以由优先股合同自由决定,摆脱了股东大会的限制。美国法多以公司章程保障优先股的分红。至于是否分红,有美国判例表明,优先股合同授权董事会,由其决定是否分红:Wabash Railway Co. v. Barclay[3]一案是最早确立董事会有权决定是否给优先股分红的案例。由于是优先股合同赋予了董事会此项权利,因此,合同是判断优先股股东权利的标准。

美国授权式立法对发行方来说,无疑松绑了法律对发行优先股的诸多束缚,使得优先股在市场上获得了认可。然而,优

---

[1] Baron v. Allied Artists Pictures Corp., 337 A. 2d 653., 转引自:丛山:"借鉴国外经验发展中国优先股制度的现实意义",复旦大学 2011 年硕士学位论文。

[2] 丛山:"借鉴国外经验发展中国优先股制度的现实意义",复旦大学 2011 年硕士学位论文。

[3] Wabash Railway Co. v. Barclay 280 U. S. 197.

先股股东却时常面临着权益被侵害的困境，尤其是20世纪20年代以来。如何在保证优先股制度的效率与保护优先股股东权益之间寻求平衡点？美国的立法及判例给出了回答，即合同法视角与公司法视角的灵活转换。

（二）如何保障优先股股东的权利？——合同法与公司法之博弈

公司法与合同法的适用时常存在博弈，并且可能出现不同的判决，尤以公司并购时特征最为显著。并购时，债券持有者的权利在存续公司中仍然存在。但是，优先股不同。并购时，其可能转换为现金、普通股，抑或具有不同权利和优先权的优先股。不过，其价值总体上不应改变。但并购对于少数优先股仍是有风险的。例如，在母子公司并购中，究竟应当选择合同法视角还是公司法视角来解决问题，存在理论上的争论。一方面，如果收购方不希望在存续公司中保留优先股，可进行回购，优先股股东可能足够幸运地享受到了优先权；另一方面，收购方若希望向优先股和普通股持有人支付现金，则可能出现这样的情况：甲公司发行1亿美元的股份，100万股的优先股（每股80美元）和200万股的普通股（每股10美元），因优先股的迟滞分红、在清算中享有优先权等，交易价为每股150美元。假设甲公司的董事会与乙公司达成并购协议，总对价为1.4亿美元。问题产生了：发行方公司的董事会需要分配这1.4亿美元[1]。

假设有三种分配方案：第一种，分配给优先股1亿美元，分配给普通股4000万；第二种，分配给优先股8000万，分配给普通股6000万；第三种，分配给优先股7000万，分配给普通股

---

[1] William W. Bratton, Michael L. Wachter, "A Theory of Preferred Stock", *University of Pennsylvania Law Review*, June 2013, pp. 3~4.

7000万，因此，有1000万的优先股转换为普通股。第一种方案对于优先股显然是最优的，但它们常常不能如愿。当优先股股东在法庭上指证董事会分配不公时，从公司法视角和从合同法视角给出的解决方案是具有差异性的。

1. 公司法角度

尽管优先股合同可能对于并购价格有事先约定，但多数时候并没有约定。这就使得优先股处于一种可能受到侵害的状态——在多数情况下，董事会成员由普通股股东控制。如果董事会对普通股股东的利益进行倾斜，则优先股股东作为少数股东，他们的利益将受损[1]。实践中，法院多依照经营判断原则选择尊重董事会的决定。

第一，在大股东控制的董事会中，并购时的分配体现了大股东的经济利益倾向。如果子公司董事会可以任命一个特别的、由独立董事组成的委员会，代表少数股东的利益去就并购价格进行谈判，并赋予委员会否决权，那么似乎也应当设立一个由无关联董事组成的、代表优先股股东利益的委员会，随后就并购利益的分配进行谈判。但是，问题在于，子公司往往认为成立代表优先股股东利益的委员会将为自己带来麻烦，因为优先股股东通常会要求更高的购买价格，因此，公司会选择拒绝设立这类委员会，优先股股东的利益因而可能会面临侵害。

第二，在股权分散的情况下，优先股的问题主要不在于母子公司并购中，而在于独立董事的自我交易中。但近年来，美国法院对这类交易的认定标准有所放宽：原告和无关联关系董事须承担举证义务。只是在某些特殊情况下，董事会对其通过

---

[1] 特拉华州最经典的案例是 Sinclair Oil 公司 v. Levien 一案：在此案中，法院认为，通过分红支付的迟延清算并不构成自我交易，而应当属于最正常不过的商业判断标准, 280 A. 2d 717, 720, 723 (Del. 1971).

的决议有义务进行举证,证明自我交易并没有侵害公司和股东的利益。

由此看来,在公司法的框架之内,优先股的被保护状态不佳。那么,优先股能否依照合同法的相关理论受到保护呢?答案是肯定的。优先股的保护源于董事、高级管理人员的受信义务,这是一种管理义务,主要适用于基于"委托-代理"关系所发生的"代理人"对"委托人"的管理责任[1]。据此,在Jedwab v. MGM Grand Hotels 一案中,法官 Allen 认为,优先股是合同性质的,它应由公司章程明文规定。但在普通法上,若无相反约定,所有的股权都是平等的[2]。

然而,特拉华州法律在保护优先股股东对抗发行者的机会主义时,对于"受信义务"的采用是有条件的。根据特拉华州法律的规定,优先股只有在与普通股具有共同性的方面,才享有受信义务的保护。因此,在管理者的自我交易或者因疏忽大意经营不当时,优先股股东与普通股股东一样有诉讼理由。相反地,当优先股股东的诉讼要求是因自身的权利和分红权而起,与普通股股东没有共性的时候,特拉华州法院将此类诉求视为合同性的而非依照受信义务对其进行保护[3]。此时,法官将严格按照合同来进行裁判。

2. 合同法角度

普通股的投资依据是非完备性的合同,因为股东利益太过

---

〔1〕 施天涛:《公司法论》,法律出版社 2006 年版,第 380 页。

〔2〕 See Jedwab v. MGM Grand Hotels, Inc., 509 A. 2d 584; 1986 Del. Ch. LEXIS 509.,转引自:任红:"优先股股东权保护的法律适用问题研究",载《理论与改革》2014 年第 3 期。

〔3〕 William W. Bratton & Michael L. Wachter, "A Theory of Preferred Stock", *University of Pennsylvania Law Review*, June, 2013.

广泛而不可能都写入合同[1]。普通股股东有选举董事会的权利,并据此行使剩余索取权;除此以外,董事的诚信义务以及公司法保障其剩余索取权的实施。对普通股股东的保护存在两种途径:董事的诚信义务和事先对普通股股东的合同权利进行细化,前者对于保护普通股更有效[2]。

而优先股不同,其优先权利是写入合同的,是有具体的合同条款可循的。在并购中,章程可以规定并购价格或者在并购时给予优先股股东清算优先权利[3];或者,章程可以规定由优先股股东进行类投票以决定是否并购[4];或者,优先股继续在存续公司中保留。从这个角度上来看,优先股的利益并非依靠董事的信义义务作为保障,而是以明确的方式规定他们的权利。此时,合同双方经调整和协商,以获得各自的目的,例如,披露更多的信息,合同中设立更高级的条款。这些条款使得合同中的风险分担更加有效。

当然,以合同法视角加强对优先股股东的保护也同样存在几个问题:

第一,在并购中,有关并购利益分配的合同的介入不能保证效率,因为它在某种程度上束缚了董事会的自由裁量权,当

---

[1] Marco Becht et al., Corporate Governance and Control 9-10 (European Corporate Governance Inst., Finance Working Paper No. 02/2002, 2005); cf. Oliver Williamson, Corporate Governance, 93 Yale L. J. 1197, 1205-06, 1210-11 (1984), available at http://papers.ssrn.com/id=343461("其中将股东描述为拥有大量的、含义并不明晰的财产的人,他们未能得到充分的、特定的保护")。

[2] Andrew S. Gold, Dynamic Fiduciary Duties, 34 Cardozo L. Rev. 491, 503-04 (2012).

[3] Matthews v. Groove Networks, Inc., Civ. A. No. 1213-N, 2005 WL 3498423, at 2 (Del. Ch. Dec. 8, 2005) ("此章第5条明确表示,清算优先权利可在并购前使用")。

[4] See Del. Code Ann. tit. 8, § 151 (a) (2011).

然也有可能损害普通股股东利益。这也就能够解释为什么优先股章程条款经常会对并购的类投票进行限制了，因为类投票使得优先股能够阻止并购。只有当并购的利益分配有利于优先股时，优先股股东才会对并购投赞成票，以至于并购失去了普通股股东的支持。如果优先股的持有者是机构股东，则更加可能产生冲突。因此，在合同中省略类别股投票制度可以快速出卖公司并且避免倾向于优先股的不公平的利益分配。

第二，作为另一种选择，优先股可以通过合同的规定而保留在并购后的存续公司中，但是这同样束缚了发行者。并购买方可能并不愿意保留优先股。因为优先股在价格方面的负重，可能导致普通股的价格下跌[1]。

因此，优先股的合同中不细化并购价格也不支持优先股的类投票的目的在于，优先股发行者避免承诺给予优先股一个过高的并购价格。这对于发行者来说是合理的。综上，优先股的制度构建取决于从何种理论视角审视优先股：灵活运用公司法与合同法的视角对优先股股东进行保护似乎应当成为最佳的选择；并且，应将董事的诚信义务纳入优先股股东的保护制度中。

（三）美国：优先股处于公司法与合同法的断层之上

那么，优先股究竟是股权还是债权？股权和债权存在显著区别。普通股持有者将投资注入公司而没有权利抽回出资，并承担投资风险，享有表决权等，其权利基础亦可被视作不完备性合同。普通股股东无论从公司法还是合同法的角度，都可以被视作公司的"内部人"。债权人同样将资本注入公司，但其基础是趋于完备性的合同，当债权人向法院要求赋予其某些权利时，

---

[1] See Del. Code Ann. Tit. 8, § 262 (c) (2011).

法院可拒绝[1]。债权人是公司的"外部人",对他们的保护,并不适用管理义务和信义义务。综上,普通股股东是社团性的、公司性的,但是债权人是合同性的,他们之间有着一道墙,这道墙将他们之间的法律性质区分开来。优先股则模糊了这种区别。优先股跟普通股一样,应当遵照公司规则和公司章程,但同时,也应当根据合同承担相应的义务、享有相应的权利。所以,优先股究竟是什么?美国学界普遍认为,优先股兼具合同法和公司法所赋予的性质,但又有矛盾。一方面,在公司法中,股份持有者有剩余索取权;另一方面,合同范式引导着合同双方追求各自利益的最大化。因此,针对优先股,如前所述,有时应适用公司法,有时则适用合同法。

当然,有时法律也划分了清晰的界限。例如,银行资本将优先股视作股权,而 GAAP 规定,某些优先股应当被视作债务,某些优先股应当被视作股权[2]。特拉华州法院试图根据不同的诉求适用不同的法律:当涉及"与普通股同等权利"的案件时,适用公司法,而当涉及"优先权"的案件时,应适用合同法。但是,实践中,是不能做到如此清晰的区分的。法官绝大多数时候应当同时适用两种法律[3]。

---

[1] See, e.g., Metro. Life Ins. Co. v. RJR Nabisco, Inc., 716 F. Supp. 1504, 1519 (S. D. N. Y. 1989).

[2] See generally Fin. Accounting Standards Bd., Accounting Standards Update: Accounting for Redeemable Equity Instruments (Aug. 2009), available at http://www.fasb.org/cs/BlobServer? blobkey = id&blobwhere = 1175819483183&blobheader = application%2Fpdf&blobcol=urldata&blobtable=Mu ngoBlobs (requiring mandatory redemption preferred to be booked as debt on the balance sheet); Fin. Accounting Standards Bd., Summary of Statement No. 150: Accounting for Certain Financial Instruments with Characteristics of Both Liabilities and Equity, FASB: Pre-Codification Standards (May 2003), http://www.fasb.org/summary/stsum150.shtml.

[3] William W. Bratton, Michael L. Wachter, "A Theory of Preferred Stock", *University of Pennsylvania Law Review*, June 2013, pp. 3~4.

美国审视优先股的理论视角决定了其优先股法律制度在功能上的优势性。早在20世纪30年代，科斯就提出了一项被后人称为是公司合同理论的奠基性见解。在1937年《企业的性质》一文中，他指出，企业和市场是合约的两种形式，企业内部科层制的组织形式，起到了很好的协调合约各方、减少交易成本的作用。

美国学界认为，公司参与方之间的关系属于合同关系。将参与方绑在一起的主要合同是公司章程。公司章程设定了股东之间、股东与董事及其他管理人员之间关系的基本条款。除了法律人格之外，在理论上，仅仅通过合同即可以创建确定公司形式的各项要素[1]。而优先股法律制度（或者说是类别股制度）已被自由主义的精神所渗透，因此，赋予了投资者和发行方创设不同类别股份的自由，满足了投融资方不同的需要。

四、我国优先股制度之可预见性的问题及应对

那么，我国的优先股制度可预见性的问题是什么？主要是基于制度障碍而产生的法律风险。而这些风险的存在，成为发行者与投资者考量优先股的重要指征，也将影响到优先股的市场适用。

（一）优先股的发行比例之规定是否将再次引发股票市场异化

首先，优先股发行规则和分红等制度较为严苛，发行成本偏高。同法国类似，我国优先股的发行、分红的方式等均需要通过公司的股东大会决议（《管理办法》第38条），董事会缺乏章程所授予的自主权。发行成本偏高可能使得发行者却步。

---

[1] [美]莱纳·克拉克曼、亨利·汉斯曼等：《公司法剖析——比较与功能的视角》第2版，罗培新译，法律出版社2009年版。

其次，信息知情权之缺憾。当公司累计3个会计年度或连续2个会计年度未按约定支付优先股股息的，优先股股东的表决权恢复[1]。然而，优先股股东享有的信息知情权程度却低于普通股股东：普通股股东有权查阅、复制公司章程、股东名册等信息，而优先股股东仅有查阅权。那么表决权恢复后，是否享有与普通股股东同样的信息知情权？如果不能，在优先股的物质性优先权未被满足的情况下，仅仅恢复其表决权，而未能满足其充分的信息知情权，优先股仍然是劣后于普通股的股份。此时，优先股的优先性何在？

（二）商业银行的优先股股东权益保护不足

根据《管理办法》的规定，商业银行发行优先股补充资本的，发行人要求赎回优先股时，不必完全支付所欠股息。另外，在有可分配税后利润的情况下必须向优先股股东分配股息；未向优先股股东足额派发股息的差额部分应当累积到下一会计年度；商业银行发行优先股补充资本的，却可以不依照此规定进行。优先股股东的物质性优先权和赎回时的权益得不到保障。

在我国，优先股是股份的一种。《暂行办法》曾将优先股确立为一种"准股权方式"，但我国《指导意见》已明确将优先股视为股份的一种，并认为应当在公司法的框架下对优先股进行规制，而《公司法》将有限公司分红权、表决权的设计都赋予了章程自治，亦为优先股预留了空间[2]。

然而，我国与法国的优先股制度类似，法律在发行、分红等制度上干预较多。优先股作为将来资本市场重要的融资手段

---

[1]《国务院关于开展优先股试点的指导意见》第6条。
[2]《公司法》第42条：股东会会议由股东按照出资比例行使表决权；但是，公司章程另有规定的除外。第43条第1款：股东会的议事方式和表决程序，除本法有规定的外，由公司章程规定。

之一,应当逐渐脱离所谓的"优先"特质,而采用"类别股"之概念,并最大程度上还原公司的意思自治,使得各类公司依照自身情况创设类别股份的需求成为可能。公司法制存在的合理性在于:它具有公司合同的模本作用、合同的漏洞补充作用以及保障实现非效率目标的作用。从总体上看,有关公司融资制度的法律规范应当是适应性的,而不是管制性的,必须考虑不断变化的市场和交易技术对公司法规则的影响。公司法制的成功与否,最根本的衡量标准在于,它是否反映了公司参与方的各自需求,而不是体现为法律对市场的管制。如果市场主体在绝大多数情况下选择"逃离"公司法制,那么公司法制的边缘状态表明了其自身的失败[1]。

不过,法国法仍然值得借鉴,尤其是优先股股东的非物质性优先权方面,例如优先的信息知情权。目前,我国资本市场的改革目标有两个:一是发挥资本市场的直接融资功能,推动资本的形成,促进宏观经济稳定,支持实体经济发展;二是发挥资本市场的投资功能,确保股市成为国民经济的晴雨表,不断为广大投资者创造投资回报。如要完成这两个目标,既需要公司法与证券法的联动修改,也需要诸如优先股制度的支持,而这有赖于以何种理论角度看待优先股。

第三节 优先股的制度功能优势

前文中已经介绍了优先股种类繁多,其制度有一定的特殊性,如股息固定、表决权受限制、盈余的分配可累积、可赎回等,且这些特性可以依照公司的状况而随意选取和组合。优先

---

[1] 罗培新:《公司法的合同解释》,北京大学出版社 2004 年版,第 7~8 页。

股在制度设计上的特别之处使得其能够在公司运转过程中起到普通股和债券所难以发挥的作用,下文从融资和成本控制两个角度分别论述其优势:

一、融资优势

(一)优先股兼具股权和债券双重属性

公司的融资有多种方式,这些方式看似能够任意选择,但实际上应当遵循一定的顺序。关于这一顺序有对应的理论可寻,即优序融资理论,亦译"啄食顺序理论"。梅耶斯与麦基里夫(Myers&Maljluf,1984)提出了"啄食理论",即"优序融资理论"(Pecking-Order Theory)。他们认为,在公司内部和公司外部信息不对称的条件下,企业资本结构、融资决策或股利政策都是内部人传递信号的手段,企业外部人只有通过经理等内部人传递的信号来判断自己的投资是否有价值。"啄食理论"认为:①企业偏好内部融资,因为筹集这些资金不会传送可能降低股票价格的逆向信号;②如果需要外部资金,企业首先发行债券,股票发行只是放在最后关头。也就是说,企业一般采取的融资顺序是:内部融资、债务融资、发行股票[1]。

在融资方面,优先股则恰好兼具股权和债权的双重属性优势。优先股的债权属性体现在其具有固定收益的特征,即优先股股东与融资方协商固定或者浮动股息率,并以此向公司收取固定红利。并且,公司应当优先保障优先股股东收取约定的红利后,才能向普通股股东分配红利。此外,优先股股东还享有在公司清算时优先于普通股股东分配公司剩余财产的权利。优先股的股权属性则体现在公司破产清算之时,优先股股东无法

---

[1] 参见姜雅琴:"基于'啄食'理论的上市公司融资偏好研究",华中农业大学2005年硕士学位论文。

优先于债权人获得公司剩余财产分配。这一点表明优先股并不是真正的债权,其权益的范围也与公司的债权人不同[1]。另外,优先股股东也不得依据合同起诉要求返还投资本金或者未付的分红。与债权不同,优先股与公司的合同可由公司单方面变更。优先股的双重属性见下表[2]:

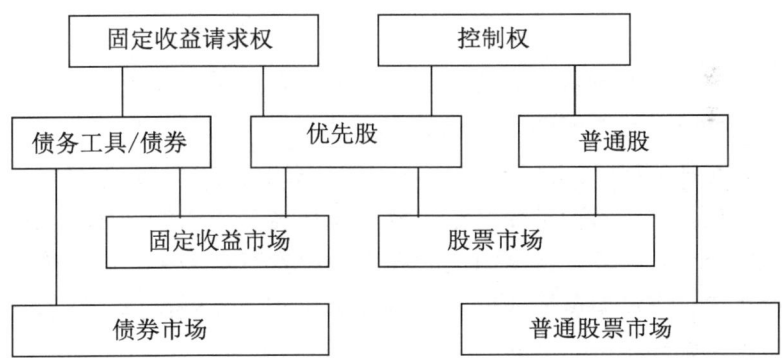

由于兼具上述双重属性,再加之优先股形式灵活,优先股被诸多发行方用来进行企业融资,这样也能够满足投资者的多重投资需求。下面以几种优先股为例进行具体分析。

第一,可累积优先股。公司按照股份是否能自由转让为依据,可以划分为开放式公司和封闭式公司。封闭式公司通常规模较小,经营状况不稳定,且缺乏公开募股的渠道,盈利较少,甚至亏损的情况时有发生,其中创业公司尤为如此。盈利能力的不足使得其普通股的发行缺乏吸引力,而对外举债则面临着

---

[1] 赵莹莹:"我国优先股股东权益保护研究",兰州大学2017年硕士学位论文。

[2] 表格来源:Frank J. Fabozzi and Franco Modigliani, Capital Markets: Institutions and Instrument, Secon Edition, Prentice Hall International, Inc., 1996, p. 12. 转引自:王会敏:"优先股股东权利保护法律制度研究",山东大学2017年博士学位论文。

必须到期偿还的债务以及利息，除此之外，公司的负债比例有一定的限制，超过了法律规定的比例则无法继续通过债券来融资。此时如果该公司选择发行可累积优先股，则不但可以免于返还本金，而且可在公司经营状况不佳的年份选择将分红累积到下一年度，待经营状况回转时再来发放，由此就大大减轻了公司的融资压力。当然，这并不是意味着对于开放式公司来说适用优先股制度没有明显优势。开放式公司也有可能因经营状况原因遇到上述封闭式公司所遇到的融资困难，优先股制度在此类情况下同样能够发挥优势。另外，优先股对于开放公司而言有特别的优势，就是在公司用普通股进行融资时会不可避免地遇到新发行的股份摊薄了原有股东所持有股权的问题，此时可能会导致新股发行受阻，而如果采取发行无表决权的优先股的方式，则可避免摊薄股份影响原有股东权益的问题，既可以发挥融资的作用，又可以减少新股发行的阻力。

第二，固定股息率优先股。优先股收益固定的特质在扩大融资方面同样具备一定的优势。普通股的股价与市场整体环境紧密相连，如果经济市场出现较大波动，普通股的股价必然受到影响，普通股投资也会因此而减少。优先股的固定收益则可将收益状况与市场波动隔离开来，更为安全和稳定，是经济环境不佳时投资的首选，能够在该时期为公司争取到更多的融资。

第三，可回售优先股。可回售优先股也为优先股增加了吸引力，能够在扩大融资方面发挥一定的作用。普通股的退出通常只能采取股权转让的方式，即股东将其手中持有的股权转让给其他投资者，而不能直接从公司兑换现金。这对于非上市公司股东的来说有一定的限制，他们必须找到股权转让的对象才能完成退出。而可回售优先股则赋予了股东自由退出的权利，一旦约定条件成就，他们可以直接向公司要求退还投资并按照其全部股本和利息领取现金,从而完成退出。灵活的股权退出机制虽然能够起到促进融资的效果,但是长期来看,这种股东可随时退股的制度会给公司的经济状况带来不确定性的风险,因此实践中公司通常不会将发行可回售优先股列为扩大融资的首选。

(二)优先股在各类企业的融资中被灵活地适用

1. 创业企业青睐发行优先股

创业企业的特点是,投资具有高风险性但有可能具有高回报率,相较于传统企业,企业的经营项目和经营管理具有较高的专业性和特殊性。原始股东需要获取资金支持,但同时又希望由自己主导企业发展,将创意转化为产品来证明其市场效益。投资者因信息不对称,不愿过多参与企业日常经营,但又不想放弃企业未来良好预期及必要时对企业的控制权,同时保留灵活退出渠道[1]。创业企业发行优先股,一方面,创始人员可以凭借自己的专业能力和商业判断来对公司的经营和发展作出决策,另一方面,投资者通过让渡自己的投票权而拥有优先分红权和剩余财产优先分配权,可以满足自己的利润需求以及规避风险的需求。另外,优先股在发行之时还设计了优先股的赎回条款和表决权恢复条款等,因此,当创业企业发展良好时,应当保障创始人的控制权;而当创业企业面临经营困境,赎回条件或者表决权恢复条件触发时,优先股股东则可以根据优先股的设计条款,迫使创业企业的控制权从创始人手中转移到优先股股东手中,以适时保护自身的权益。

2. 大型基础设施行业企业青睐发行优先股

在美国,优先股是伴随着铁路建筑的发展逐步产生的。19世纪40~50年代期间,由于铁路公司发行的普通股股票很难销

---

[1] 王会敏:"优先股股东权利保护法律制度研究",山东大学2017年博士学位论文。

售，而每年向投资者分配固定股息的优先股更能吸引公众投资者，铁路公司普遍采取了发行优先股的方法来募集资金。到19世纪50年代，优先股已经被广泛发行，在二级市场上的交易也非常活跃。初期，优先股的条款设置更多地体现了临时性的特点。自由转换权和参与权均已出现，但并非被有意识地设计出来，投资者只是需要在短期内一个固定的收益，当一定的条件满足时，投资者将优先股转换为普通股以获得更高的收益。同时，这一阶段的优先股通常都是固定股息、可累积、具有表决权的，公司只把优先股当作应对融资危机的一种过渡手段[1]。另外优先股在产业并购中发挥重大作用，产品日益丰富，优先股固定股息的设计理念逐步被投资者认可，被广泛运用在耗资巨大的交通等公用设施建设领域并逐步扩展到部分工业企业中（如采掘、冶金、纺织、农业设备生产等）。在19世纪末20世纪初美国第一次并购浪潮中，它被作为一种有效的并购手段而大行其道，并进入了蓬勃发展的黄金时期。1928年优先股的发行量在全部证券融资总金额中的占比达到了20%。优先股的运用，保证了这些项目获得必要的建设资金支持，同时也契合了项目各方参与人的需求：不会对项目发起人控制权造成过度稀释，并凭借优先分红等权利保障投资人收益的可预期性，同时也避免因到期还本付息的压力导致项目过早面临债务困境而致破产危机。[2]

3. 优先股在金融行业的融资需求中发挥着重要作用

优先股在金融企业融资中意义更大，根据1988年颁布的

---

[1] 丁楹："从美国优先股制度发展历程看中国转轨时期优先股制度的建立"，载《中央财政大学学报》2013年第5期。

[2] 王会敏："优先股股东权利保护法律制度研究"，山东大学2017年博士学位论文。

《巴塞尔协议》，银行资本充足率必须至少达到8%；银行资本金由核心资本和附属资本构成，目前，金融机构普遍存在资本充足率偏低的问题，优先股恰能起到补充资本的作用。按照《巴塞尔协议》中资本充足率的计算规定，优先股按照不同的契约属性可以进入不同的资本层次：股性较强的属于核心资本，债性较强的属于从属资本。在补充资本方面，我国曾经尝试发行次级债券，而次级债只能用来补充银行附属资本。与次级债券相比，优先股是更好的选择，因为它具有更强的资本属性，可以列为核心资本，比次级债券的资本层次更高[1]。2008年世界性经济危机爆发，优先股制度为处于经济困境之中的银行等金融企业提供了宝贵的融资渠道，包括美国政府在内的投资者纷纷通过优先股的形式向遭受了经济危机沉重打击的花旗银行、摩根大通、高盛银行等大型金融机构注资，并取得了良好的融资效果[2]。鉴于优先股在制度金融危机中展现出的优势，2010年《巴塞尔协议》全面强化了对商业银行等金融机构的资本充足率监管，针对商业银行资本构成以及资本充足率设定了严格的标准，同时提出可以采用优先股作为"其他一级资本工具"补充一级资本充足率[3]。这样一来，原有股东的股权未发生变化，融资的目标也能够随着优先股的发行而圆满达成。

（三）优先股在公司并购时的制度功能

优先股制度在公司并购中所发挥的作用尤为明显。公司并

---

[1] 聂孝红："优先股在企业并购融资中的优势"，载《公民与法》2011年第2期。

[2] "美国政府不惜代价拯救花旗银行"，银行频道-和讯网 http://bank.heXun.com/2008-11-25/111597921.html；"巴菲特购买高盛优先股"，新浪网 http://finance.sina.com.cn/roll/20080925/07562441314.shtml，2018年4月30日访问。转引自：王会敏："优先股股东权利保护法律制度研究"，山东大学2017年博士学位论文。

[3] 王会敏："优先股股东权利保护法律制度研究"，山东大学2017年博士学位论文。

购发生时，意图并购的公司通常需要巨量的融资。然而，如果并购中采用债权的方式融资，则融入的资金不能计入公司资本，公司的负债率会在短期内大幅增加。而公司的负债率又是影响公司经营状况稳定性的重要指标，如果负债率过高则会削弱公司实力，使其并购的进程无法继续。采用普通股的方式融资同样会面临一定的问题，如果公司在并购的过程中大量发行普通股，则原有股权被稀释，股价降低，股权结构会发生一定的变化，从而影响公司的控制权，进而影响并购的进程。而如果选择发行优先股则可有效地避免上述问题，作为权益资本的优先股可以作为公司资产的一部分而存在，公司的负债上限要遵循法定的比例（负债与总资产的比值），而资产的增加能够使公司负债的上限得到相应的提高，公司可随之继续债券的发行，融资能力也能因此得到提升。

二、成本控制角度

当公司产生融资的需要时，无论是选择股权融资还是债权融资都会产生一定的成本，但是，选择股权融资的成本普遍低于发行债券或银行贷款的成本。发行股票的成本一般包括两个方面：一是纯粹的发行费用，即股票发行人在发行过程中支出的相关费用，如股票印刷费用、承销费用、宣传费用、其他中介服务机构的费用等；二是发行公司每年对投资者支付的股息。因此，发行股票的成本与实际筹资额的比率等于股息除以扣除纯粹发行费用后的发行价格，用数学公式表示为：发行股票成本比率＝股息/（发行价格-发行费用）*100%。由于发行费一般相差不大，因此股票筹资的成本主要取决于发行价格和企业每年对投资者支付的股息。在实践中，新股发行一般都以超过面值的价格溢价发行，在股利一定的情况下，这就大大降低了股票筹资的成本。如某家企业的股票面值为1元,发行过程中的费用支出折合为每股0.2元,公司对股东按每股0.1元支付股利,那么,按面值计算的股票筹资成本比率为12.5%=0.1/(1-0.2)*100%。但如果该企业是以每股5元的价格溢价发行的,那么,扣除纯粹发行费用后,企业实收资金为每股4.8元,故实际股票筹资成本比率尚不到2.1%[1]。同时,区别于直接作为债务而存在的债权融资,发行股票所筹集的资金本身就属于公司的资本,无需返还投资的本金。这一优势与发行成本的可控性相配合,使得股权融资成为较理想的融资选择。

选择股权融资还有另一个方面的优势,就是股权的发行可以带动负债能力的提升。债权融资虽然在成本控制方面劣于股权融资,但是债权受到的监管力度较小,且不会影响到公司的控制权,所以也是公司融资的重要方式之一。然而公司的负债能力与其经营状况紧密相连,能够发行债券的数量是有上限的,其上限取决于公司目前有多少资产。当公司产生融资需求时,必然意味着其当前的资产并不是十分充足,如果只选择以债权的方式融资,则到达比例上限则无法继续筹集到资金。恰好到达的负债比例上限是公司所能承受的负债的最高点,实际上也是公司经营的隐患,加上债务到期必须还本付息的特点,将给公司的稳定经营造成不利的影响。与此相对,股权融资所得到的资金则可以被计入公司的权益类资本,扩大公司的总资产。总资产的提高会带动可负债上限的提升,即公司的债务容量扩大,公司负债率下降,将会为未来创造更大额度的债权发行量。股权融资的这一功能也被称为"增强股本垫"功能。

公司的股权融资也有发行普通股和发行优先股两种方式,

---

[1] "股票发行的成本如何计算",爱问财经网站,http://m.iask.sina.com.cn/b/2751070.html,2018年4月24日访问。

相较于普通股而言，优先股具有更大的优势。一个显而易见的优势就在于在增发的是普通股的情况下，如果大股东没有对增发的股份进行相同比例的购买，其股份就会被摊薄，对其控制权造成影响；而发行优先股则不然，优先股一般情况下无表决权，因此即使大量发行优先股也不会稀释大股东的股份，不会影响到他们对公司的控制权。

优先股的成本优势还体现在其审查资格成本较普通股更低。普通股通常情况下会采取上市交易的方式公开发行，由于上市交易的涉及面更广泛，影响也更大，因此国家对普通股的审查环节就更加复杂，审查标准也更加严格。与此相反，优先股的发行通常是以非公开的方式，其波及面较窄，审查环节和力度相较于普通股而言都更小，因此在审查方面的发行成本也较低。

使用优先股进行融资还有一个不易被察觉的优势，就在于市场对于增发普通股和增发优先股的敏感程度是不同的，因而对股价的影响程度也有所不同。公司为了获得更多的融资，通常会选择在股价的高点增发股份，此时若大量增发普通股，则会暴露公司大量融资的需求，引起市场的猜疑，市场会倾向于认为当前该公司的股价被高估，从而引起股价的下跌[1]。而如果选择使用优先股进行融资，由于其收益较为稳定，不会引起市场上大范围的关注，因而相较于发行普通股而言其对股价的影响也较小。美国一项针对优先股、普通股及债券发行人的股价长期表现的实证研究表明[2]，在发行后 3~5 年的期间内，优先股发行人的表现最佳，仅在发行后第一年会出现表现下滑

---

[1] 参见高劲文："企业为什么选择发行优先股？企业财务困难的预期成本与普通股定价状况的分析"，载《浙江社会科学》2005 年第 3 期。

[2] John S. Howe, Hongbok Lee, "The Long-run Stock Performance of Preferred Stock Issuers", *Review of Financial Economics* 15 (2006). 转引自：王会敏："优先股股东权利保护法律制度研究"，山东大学 2017 年博士学位论文。

的情况，之后恢复正常甚至更优，而普通股和债券发行人则在发行后3~5年期间内一直处于股价表现不佳状态，佐证了后者管理层惯于利用"机会窗口（windows of opportunity）"来发行证券，并导致市场产生消极反应[1]。

第四节　优先股股东的权利

正如前文中所提到的，优先股股东在让渡自身表决权的同时，还享有一定的权利。而不同的优先股所包含的权利各不相同，发行优先股的公司会根据其实际情况和投资者的需求来选取权利进行组合，形成本公司的优先股。通说中有针对股权所进行的分类，即根据股东权利行使的目的和内容标准而进行划分，可以分为自益权和共益权，其中自益权是指股东权利行使的目的是从公司获得财产利益的权利类型，而共益权则是指股东权利行使的目的是为参与公司经营及决策的权利类型。该种分类方法在大陆法系国家被广泛采用。具体到优先股来说，其股东权利的分类也有不同的方法，如可根据其分割的是投资者的经济利益还是公司的治理权而做出财产类子权利和控制类子权利的分类[2]。这些分类方法实际上与自益权和共益权的划分类似，只是名称上有所不同。因此我们认为，优先股作为股票的一种，在研究其股东权利时也可以依照通说的标准进行分类，下文将分别对优先股的共益型权利和自益型权利展开论述。

---

[1]　王会敏："优先股股东权利保护法律制度研究"，山东大学2017年博士学位论文。

[2]　郭青青："类别股法律制度研究"，西南政法大学2016年博士学位论文。

一、共益型权利

(一) 回购权与回售权

回购权与回售权都是优先股股权退出的重要途径，这两项权利行使起来也有较强的类似之处，所以将它们合并起来进行论述。

优先股的回购权是指公司在发售优先股的同时与优先股股东签订回购条款，该回购条款中约定了一定期限或一定条件，当期限届满或条件成就时，由公司向优先股股东提出回购请求，以回购该优先股股份，公司所享有的这项权利就被称为回购权。回购权又可以分为两个不同的类型，即强制回购权和任意回购权。在公司提出回购请求时，若根据回购条款优先股股东无权拒绝该回购请求，则为强制回购权，若优先股股东有权选择同意或拒绝该回购请求，则为任意回购权。

优先股的回售权是指公司在发售优先股的同时与优先股股东签订回售条款，该回售条款约定了一定期限或一定条件，当期限届满或条件成就时，优先股股东有权将自身持有的优先股出售给公司并完成优先股股份的退出，优先股股东所享有的这项权利就叫做回售权。不同于还可细分为两类的回购权，回售权不存在这样的分类，基于通常情况下公司较之于股东更具有优势地位的特点，回售权一定是强制的。

由此可见，优先股的回购权和回售权所蕴含的功能是相同的，都是建立了优先股股份退出机制，根据事先的约定由公司将优先股股东所持有的股份收回。两者有所不同的是有权主动提出股权退出的主体，回购权是由公司主动向优先股股东提出，而回售权则是由优先股股东主动向公司提出。回购权更有利于公司一方，而回售权更有利于股东一方。

在公司行使优先股的回购权时，通常会选择一个普通股股价较低的时间节点，当普通股利息低于优先股固定分红时，公司会出于减少优先股方面的财务支出的考虑而用普通股去替代优先股，由此来避免继续支付较高的优先股分红。公司用债券来替代优先股时则有可能是出于两个方面的考虑，一方面是出于与前述以普通股替代优先股相同的考虑，即排除掉优先股固定分红的负担，另一方面是债券相较于股票而言有税收方面的优势，优先股的股息是要被纳入计税范围的，而债券的利息则无需计税，因此用债券来交换优先股可以合理地减轻税收负担。

与此不同，由于回售权是直接按照优先股价值换现金，因此优先股股东行使回售权时则无需刻意选择时间节点，可以随时行使该权利。回售权可随时行使向公司兑换现金的权利特点可能会使公司忽然流失大量现金，从而造成公司资本结构的突然变化，增加其不稳定性，对公司的经营造成负面影响。由于这一原因，现实生活中公司较少会发行包含有回售权的优先股，而大多选择发行有利于公司一方的回购权优先股。当然，这并不是说回售权优先股在实践中意义不大，事实上，包含着回售权的优先股在创业公司的融资中有着较为重要的作用。对创业公司而言，融资的需求通常较为急切，但是公司设立不久且稳定性较差，投资者对创业公司投资则风险较高，因此，若无一定的制度保障来增强该公司优先股的吸引力，可能吸引不到投资者，难以满足公司的融资需求。此时含有回售权的优先股就成为一个较好的选择，公司赋予优先股以回售权，优先股股东可以根据投资之后的公司盈利状况来决定是否要退出该项投资，并可以随时退还现金，这就使得创业公司优先股投资的安全性大大增加了，融资能力也就随之得到提升。

然而，由于回购权在权利设置上太偏向于公司一方，会减少优先股的吸引力，影响优先股融资功能的发挥。为了做出一定的平衡，实践中公司大多不会以优先股的实际价格来进行回购，而是会采用高于优先股实际价值的价格，从而保证投资者一定能够在优先股投资中获利。

对于回售权，除了经济方面的考虑之外，可回售内容的约定还有其他方面的优势，即会对企业管理者形成一定的压力或激励，使企业家尽力经营好自己的企业，主动避免道德风险的发生。如果并购企业通过发行优先股来解决并购资金，就可以大大降低企业和投资者之间的信息不对称和不断讨价还价的交易成本，有效避免企业可能隐瞒盈利或财务上弄虚作假等短期投机行为，减少道德风险[1]。

然而，如果发行过多带有回售权的优先股，对公司来说是很大的风险。如果股票持有量较大的优先股股东行使回售权，则公司需要短时支付大量的资金，这很可能导致公司的经营困难甚至资不抵债，可能损害债权人的利益。此时，如何确定可用于支付优先股赎回权资金的来源范围就成为一个难题：范围过大，损害债权人利益；范围过小，优先股的回售权就难以实现[2]。

（二）转换权

优先股的转换权是指公司在发售优先股的同时与优先股股东签订转换条款，约定一定的条件或期限，当条件成就或期限届满之时，优先股股东可将自身持有的优先股向公司兑换成普通股，股东身份及权利义务也随即发生改变。转换权的行使可

---

[1] 李小明："论反垄断法理论体系之构建"，载《法学杂志》2008年第3期。转引自：聂孝红："优先股在企业并购融资中的优势"，载《公民与法》2011年第2期。

[2] 参见薛允文："论中美比较法视野下的我国优先股规则构建及相关法理反思"，南京大学2015年硕士学位论文。

以由公司主动提起，也可由优先股股东主动提起，可以是强制转换，也可以是任意转换。

优先股转换权的存在有两个方面的价值，一方面是针对投资者而言的，另一方面是针对公司而言的。对崇尚投资安全性的投资者来说，优先股股息固定固然是一种优势，但是如果在优先股投资之后该公司盈利状况较好，普通股的利润大大增加，同为股东的优先股股东则无权享受该收益，仍然只能按照原定的股息来获取利益。但是，如果该优先股包含有转换权，则情况会有所不同，优先股投资人可以选择将所持有的优先股向公司兑换成普通股，从而转化为普通股股东，在公司盈利的时候能够获得较高的收益。而对于公司来说，该转换部分的普通股发行成本较其他普通股而言更低，契约上的限制也更少[1]，这对公司而言实现了成本上的节约。转换权的优点不止于此，当公司在面临其他公司的恶意收购时，优先股的转换权还可以成为一个反收购的有力武器。优先股通常不享有表决权，但当公司受到恶意收购的威胁时，包含着转换权的优先股可行使转换权，从而把无表决权的优先股变成有表决权的普通股。有表决权的普通股的大量增加可以使公司的股权得到一定的稀释，稀释的程度则取决于得到转换的股权占全部股权的比例，股票转换的数量越多，稀释的程度也就越高。恶意收购的公司控制权的取得依赖于其所持有的股权比例，当所持股权被稀释时，其取得目标公司控制权的难度也就随之增加，从而达到抑制恶意收购的目的。这就是优先股转换权的优势。

此外，也有学者指出可转换的特性使得优先股展现出了类似于期权的功能。由于可转换优先股允许持有人在特定条件下

---

[1] [美] 弗兰克·J. 法博齐编著：《固定收益证券手册》，任若恩、李焰等译，中国人民大学出版社2005年版，第296页。

把优先股转换成为一定数额的普通股,这相当于在优先股的基础上加入了"期权"的设计。对于持有人来说,当公司经营状况较好时,可选择将优先股转换成普通股,享受普通股东的权益;而公司经营状况欠佳时,可以不进行转换而享受固定的股息。可转换优先股给予了持有者比较灵活的收益方式选择。一些快速发展的企业初期估值较低,投资者以较低的价格购得优先股,待企业成功上市时退出可能获取几倍甚至成百上千倍的收益[1]。转换权的存在对优先股股东而言是有益的,对于公司而言虽然也有很大的优势,但也会造成一定的问题。一个公司优先股、普通股以及债券的发行量都应当根据公司的实际经营情况而遵循一定的比例,从而形成稳定的资本结构。但是,可转换优先股则给公司的资本结构造成了不稳定的因素,转换权的大量行使可能会使公司资本结构失衡,影响公司正常经营。

(三)投票权

投票权是指股东参与公司决策,在股东大会中按所持股权比例进行投票,从而影响公司重大决策的权利。虽说无论是普通股还是优先股股东,从长远来看其投资都是为了获取利润,与投票权并不直接相关,但是投票权影响的是公司在重大问题上的走向,直接影响到公司的收益状况。虽然优先股有收益固定的特点,但股东大会的决策还是与优先股股东的利益有所关联,例如一旦公司在重大决策中失误导致公司破产,则无论是普通股还是优先股都会蒙受损失。普通股是股票最基本的类型,除了进行投资从而获得收益之外,普通股股东还有权参与公司的决策,决策中的投票权是普通股股东的重要权利,为此,从权益上来看普通股股东要承担一系列责任,例如公司经营状况

---

[1] 张亮:"可转换可赎回优先股公允价值变动对企业价值评估影响的分析——以美图公司上市为例",载《中国资产评估》2018年第1期。

不佳时承担损失,以及公司破产时剩余财产分配的劣后,这些都是享有公司事项表决权(投票权)所需担负的对价。而从优先股的制度设计上来看,优先股的存在本来就是投资者为了获取固定收益所带来的安全性以及一系列关系到收益的优先权利而让渡了自身投票权的一种股票,优先股投资的唯一目的就是为了获取收益,而不是参与决策,这一点显示了原则上优先股是不具有投票权的。

然而,这并不意味着在任何情况下优先股都无一例外地不享有投票权。优先股虽然在投资风险等方面占有一定的优势,但总体上优先股股东实际是处于劣势地位的。优先股制度是公司制度的一部分,优先股权利不可避免地会受到股东大会决策的影响,可是优先股股东不享有投票权,即对于公司的重大决策没有话语权,如果股东大会的决策涉及对优先股权利的处分,则优先股股东的权利可能会受到不公正的减损,这对于优先股股东显然是不公平的。因此,为了避免此类情况的发生,优先股制度产生了一项特别的功能——表决权复活。表决权复活是指如果股东大会的决策涉及优先股股东的利益,则优先股股东在该事项上具有与普通股股东相同的表决权,能够参与股东大会并进行投票,从而维护自身的权益。不同于其他权利,表决权的存在是基于法律的规定,而非公司与优先股股东的协定,且该项法定权利在多数存在优先股制度的国家都有所规定。

美国罗德岛最高法院于1969年审理了一起有关优先股股东表决权的著名案件——包夫诉交通旅店公司案(Bove v. Community Hotel Corp.)[1]。交通旅店公司发行了普通股和优先股两种股

---

〔1〕 "包夫诉交通旅店公司案",北大法意网站 http://www.lawyee.org/PubPage/Detail? DataID = 556bbede11305627d0000ae4&PageID = 199&RowNum = 1&CurrentPage = 1&IsRecord=false&title=包夫诉交通旅店公司案,2018年5月15日访问。

份，原告包夫是该公司的优先股股东，取得了约 900 股该公司的优先股股份。在本案提起诉讼时，已经累积了较高数额的红利。被告公司为了除去公司优先股股东和累积红利以重组资本，设立了一家子公司，并且通过股东会决议并入子公司，并入后所有优先股转换为子公司的普通股。优先股股东不能参与股东会决议，但优先股的权益却因该项决策而大为减损。原告向法院提起诉讼，指出虽然公司合并只需要各类股东 2/3 以上股份的同意，但该合并计划取消了原告的优先股股份优先权，而一旦公司决策涉及优先股股东的利益，则必须恢复优先股股东的表决权，因此没有经过优先股股东投票的合并计划是规避法律的行为。法院最后支持了原告的请求。由此可见，优先股表决权复活是法律所赋予优先股股东的有力保障，用以平衡其通常不享有表决权而导致的劣势地位。

除此之外，一些国家还存在着另一种优先股表决权复活的情形，即当一个公司连续几年保持在盈利的状态，但该公司在盈利的年度里持续不分红，则优先股股东的表决权复活，可以参加股东大会行使投票权，维护自身的合法权益。这项规则已经越来越多地被各国的强行法所确认。

但关于优先股表决权复活后是否能够享有与其所持优先股数量对等的投票权，这一点还尚未形成统一的意见。例如，我国在 2013 年出台的《指导意见》第 6 条虽然对优先股股东表决权复活进行了立法上的肯定，但是其规定的是"每股优先股股份享有公司章程规定的表决权"，此后作为《指导意见》细化规定的证监会《管理办法》第 11 条也仅指出"每股优先股股份享有公司章程规定的一定比例的表决权[1]"，没有对优先股股东

---

[1] 参见陈志强："我国优先股股东权益保护问题研究"，华东政法大学 2016 年硕士学位论文。

是否能够享有与其所持优先股数量对等的投票权做出明确规定，而是把这一决定的权利委任给了公司章程，而公司章程的制定必然会尽量多地削减优先股股东的政治权能，这就在一定程度上削弱了优先股表决权复活所本应发挥的功能。

(四) 知情权

无论是优先股还是普通股，只要成为公司的股东，就是公司的所有权人，对公司的经营管理状况享有知情权。知情权是股东行使表决权的基础，股东只有在知情权被保障的情况下才能有条件作出理性的决策。在知情权当中，最突出的权利应当是查阅权，在我国查阅权主要是查阅公司财务会计报告及账簿的权利，在股权制度更完善的国家如美国，查阅权的内容则更加宽泛，甚至与自身利益无关的内容也在股东查阅权的行使范围之内。对知情权的保障是公司经营者忠实义务的体现，是所有权和经营权之间相互连接的一座桥梁。

从决策权的角度来说，普通股股东享有决策权，也有义务参与公司决策，出席股东大会并作出投票表决。既然普通股股东要参与公司重大决策，那么其知情权就必须得到保障，普通股股东由于决策的需要也更倾向于主动行使知情权。而优先股则不然，优先股股东本身不享有表决权，其存在只是为了获得收益，在公司的决策面前优先股股东更像是一个局外人，公司不会在意一个没有表决权的股东是否对公司情况有透彻的了解，优先股股东自身也大多不会主动行使知情权。这就造成了优先股股东知情权的缺失。但是，既然优先股股东和普通股股东都是公司的所有权人，那么从这个角度来说他们应当平等地享有知情权。同时，正如前文所论述的，优先股并不是所有情况下都不能参与决策，且优先股的利益相较于普通股而言更容易受到侵害，因此优先股股东的知情权更应当受到保障，促使其了解公司经营状况以及重大决策对于自身的影响，有利于及时有效地维护自身合法权益。

二、自益型权利

（一）优先分红权

优先股股东所享有的优先分红权是优先股能维系较强的投资吸引力的重要保障，也是优先股之所以具有投资安全性的重要原因之一。它是指在每年度公司分配利润时，优先股股东可以以事先与公司约定的分红率先于普通股股东进行分红的权利。优先股在分红顺序上较普通股具有优先性，只有当优先股完成了全部的分红，才能接着由普通股股东针对余下的利润进行分红，所以称其为优先分红权。

如前所述，优先股的优先分红权可以分为多个类别，这些分类同时也可以作为对优先股进行分类的标准。

首先，根据分红是否可以累积可以分为累积型优先分红权和非累积型优先分红权。在公司经营状况欠佳，所得可分配的利润不足以向全部优先股股东足额分红的年度，若优先股股东可以选择本年度暂时不分红，将该年度的全部分红累积到下一年度，待公司经营状况改善且有足够盈余分配全额分红时，再一并接受，则该种选择累积的权利就是累积型优先分红权。反之，若优先股股东只能选择就本年度所有的利润进行不足额的分配，下一年度也不再补足，则该分红权为非累积型优先分红权。在这种分类下，看似是非累积型分红权更优，因为优先股股东能足额分配到股息，但实际上公司更愿意赋予优先股累积型分红权，因为公司在经营状况不佳的时期不愿损耗仅存的资金，而将该分红的时间推到下一年度则可获得时效上的利益，缓解公司的经营压力。但是，基于前述内容中提到的优先股表决权复活的第二种方式,即连续盈利且连续不分红情况下表决权的恢复,公司即使采用了累积型优先股也不能无限制地连续累积。

其次,根据是否有权参与剩余利润的分配可以分为参与型优先分红权和非参与型优先分红权。公司在有些年度盈利状况良好,能够足额分配优先股的利息,并且在分配之后还有剩余,这部分剩余本应全部向普通股股东发放,此时若优先股股东有权与普通股股东一起参与剩余利润的分配,则为参与型优先分红权,而若优先股股东在获得固定利息的分红后其本年度分配即告结束,公司剩余的利润分配与其无关,则其享有的分红权为非参与型优先分红权。

最后,根据分红率是否可变动分为固定型优先分红权和可调整型优先分红权。通常而言优先股为追求投资的安全性,无论公司经营情况如何,优先股的分红率都是固定的,优先股股东既不会受到经营状况不佳的不利影响,也不会因本年度公司出现大量盈余而增加分红,这样的分红权就被称为固定型优先分红权。然而,也有少部分的优先股股东在入股时与公司达成协议,他们的分红率会在后续的年份里随着经济状况的变化(如银行利率变化)而做出调整,虽然变化幅度不及普通股的变化剧烈,但与分红率完全固定的分红权还是有所不同,这种分红权就是可调整型优先分红权。

目前,实践中采取最多的权利选择模式是赋予优先股可累积、非参与、固定型的分红权利,这也是最符合公司利益的做法。

(二) 剩余财产优先分配权

剩余财产优先分配权也称为优先清算权,这里的剩余财产主要是指破产清算时的剩余财产,有时也包括公司解散等无法继续经营的情况出现时公司的剩余财产。公司破产时，剩余财产的清偿有法律上的顺位，顺位靠前的得到清偿之后，位于其后的才能得到清偿，如果前者受偿后已经没有足够的剩余财产分配给后者，则后者得不到足额清偿，只能承担亏损。通常公司破产清算时会将剩余财产依次支付员工工资及保险、未缴纳的税款、债券，最后才轮到股票。优先股的剩余财产优先分配权赋予了它在普通股之前获得清偿的顺位，但其顺位位于工资、税款及债权之后。

优先股剩余财产优先分配的权利是其投资安全性的又一重要体现，然而在实践中如果一个公司破产，其剩余财产在分配给顺位在前的几项之后，优先股能分配到的财产大多所剩无几，尤其是在规模较大的公司中，其负担的债务可能是非常庞大的数字，此时债权可能都难以得到完全清偿，顺位位于其后的优先股就更加得不到清偿。由此观之，一旦公司发生破产，优先股所要承担的投资风险还是相当大的。但是，虽说优先股投资依其固定收益等特点展现出了类似债权的特征，优先股毕竟是股票的一种，优先股股东是公司的所有权人，属于公司的内部关系，因此理应承担清偿时劣后于所有外部关系的投资风险，而且相较于普通股而言，其清偿权利仍处于优先地位，普通股股东才是公司最彻底的所有权人，也是公司破产后亏损的终局承担者。

如前所述，破产清算只是优先股剩余财产优先分配权启动的主要情况，而在公司面临无法继续经营的情况时，如发生公司被并购、公司解散、停止营业等情况，此项权利也可能会启动，在这些情况下是否会触发此权利取决于优先股发售时与股东的合同中有无此事项的具体规定。

第五节　我国优先股的相关法律制度及适用

一、我国优先股的历史沿革

我国由于经济体制变化的原因，优先股的产生相较于国外晚了一个多世纪。在 20 世纪 80 年代，随着改革开放的步伐，我国逐渐出现了股份制这一形式的公司及企业，关于股份的认识也开始起步。这一时期还没有类别股出现，但是公司所发行的股份常常包含着固定收益的特征（通常是按本年度银行利率计算），也不强调参与公司重大决策，这使得此时的股份展现出类似于优先股的特征。然而同时，普通股和债券的特征也在这一时期的股份上有所体现，如发行股票的公司每年度也会按照持股比例对股东予以分红，这一点符合普通股的特征。又如此时公司股票所分配的股息是税务扣缴之前作为企业成本而存在的，这一点又展现出债券的特点。

进入 90 年代后，随着改革开放的不断深入，优先股开始作为一种类别股而出现在中国的市场上，这一时期国家对于股份制的建设已经有了一定的规划，优先股作为一种特别的股权制度开始在法律文件中出现并逐渐产生了涉及优先股的条文规制。行政法规及部门规章层面出现的针对股份制公司的规定，其中对优先股制度有所提及，如《股份有限公司规范意见》（以下简称《规范意见》）、《股份制试点企业会计制度》《股份制试点企业会计制度——会计科目和会计报表》《股份制试点企业财务管理若干问题的暂行规定》；地方性法规中也出现了针对优先股的相关规定，如深圳市先后出台了针对股份有限公司的《深圳市股份有限公司暂行规定》和针对上市公司的《深圳市股票发行与交易管理暂行办法》。这些规定中不仅都将优先股作为一种特别股与普通股进行区分，而且还对优先股制度进行了较为详细的规定，诸如优先分红、优先清算等优先股特有的权利在这些法律文件中都有所涉及。例如《规范意见》规定，设立公司的申请书和公司章程的必须记载事项中应包括公司注册的各类股份总数及其权益、每股金额；在"股份"一章规定，公司对优先股的股利须按约定的股利率支付；优先股不享有公司公积金权益；当年可供分配股利的利润不足以按约定的股利率支付优先股股利的，由以后年度的可供分配股利的利润补足；公司章程可对优先股的其他权益作出具体规定；公司终止清算时，优先股股东先于普通股股东取得公司剩余财产。在"股东和股东会"一章规定，优先股股东无表决权，但公司连续二年不支付优先股股利时，优先股股东即享有第41条规定的权利[1]。此外，《规范意见》还在对公司缴纳所得税后的利润分配和对公司的终止清算程序的规定中都提到了优先股的优先分配权[2]。

上述文件发布后，优先股在我国有了一些初步的实践。1990年，深圳发展银行发行优先股1148万股，约占其全部发行股票的24%（后经历两次转化后，最后一批深发展优先股于1992年以现金方式赎回）；1993年天目药业增扩1890万股法人优先股（于2006年按1∶1比例转换为普通股）等。最值得一提的是1993年，湖南省衡阳市城南区人民法院在"周迪武、涂鹏程等34人与飞龙股份有限公司"一案中，判决发行人（飞龙股份有限公司）依据发行公告所约定条款支付优先股股东股息。

---

[1]《股份有限公司规范意见》第41条：股东有以下权利：（一）出席或委托代理人出席股东会并行使表决权；（二）依本规范及公司章程的规定转让股份；（三）查阅公司章程、股东会会议纪要、会议记录和会议报告，监督公司的经营，提出建议或质询；（四）按其股份取得股利；（五）公司终止后依法取得公司的剩余财产；（六）公司章程规定的其他权利。

[2] 叶陶冶："中国发展优先股制度研究"，上海交通大学2008年硕士学位论文。

该判决虽然是直接依据《规范意见》做出,但其体现出了合同法式审判思维[1]。

由此我们可以看出,20世纪90年代时期优先股制度在我国已经正式确立并处于起步阶段。但是当时的我国市场普遍对优先股这种特殊形态的股份认识不清,优先股这一名称在各种形态的企业中都有所出现。部分国有企业为了调动员工的积极性而出台员工持股的政策,给在职员工发放本公司的普通股,并规定在该员工退休时可转换为优先股。但这些优先股的持有人仅限于企业内部的人员,其持股并没有经过工商部门登记也不能转让,也不具备优先股的各项显著特征。这些企业在进入21世纪后纷纷面临改制,员工所持普通股向优先股的转换问题引发了多起争端,如张水金诉茂名市供气有限公司案、郭丽诉四川大鹏药业公司案等。

虽然优先股制度已经从法规及规章层面被确立,但是,1993年出台的《公司法》并未对优先股制度予以明确规定,甚至对优先股这个名称只字未提。尽管如此,1993年《公司法》为优先股制度保留出了一个出口,其中第135条规定:"国务院可以对公司发行本法规定的股票以外的其他种类的股票,另行作出规定。"这条内容相当于承认了前述国务院所制定的构建了优先股制度的《规范意见》等法律文件的效力,明示了公司发行的股票可以出现其他类别,为其后优先股的发展提供了空间。但是,1993年《公司法》并未将优先股纳入法律规定的做法在一定程度上暗示了国家对于优先股制度的态度并非支持和鼓励,也没有将优先股制度列入未来的股份制发展规划的意思。由此可见在这个时期,优先股制度上的优势还未获得立法层面的充分认识,自1993年《公司法》颁布后,国务院在很长一段时间

---

[1] 薛亢:"论中美比较法视野下的我国优先股规则构建及相关法理反思",南京大学2015年硕士学位论文。

内再未出台过涉及优先股制度的相关法规,12年后的2005年《公司法》也依旧对优先股的内容只字未提,优先股制度在立法层面陷于停滞的局面。虽然《公司法》配套制度设计有所停滞,但《公司法》第132条的设置逻辑是在基本法层面上避免普通股和优先股的比较,而通过国务院对优先股的发行另行安排。这种更加行政化的制度设计手法也大概预示了优先股发行的范围及灵活性应当在行政主体的可控范围之内[1]。

2005年11月,国务院出台了《暂行办法》,为我国公司优先股的发行做出了一些原则性的安排,第15条指出：经与被投资企业签订投资协议,创业投资企业可以以股权和优先股、可转换优先股等准股权方式对未上市企业进行投资。优先股制度又一次被纳入了我国股权制度发展的范围,这被视为是我国优先股制度的重新起步。但是该《暂行办法》规定的可适用优先股制度的公司范围较为狭窄,个人投资者和外国投资者都被排除在优先股制度的适用范围之外。同时,《公司法》立法中对优先股制度的忽视也使得仅凭单一的《暂行办法》规定无法真正使优先股制度得到推行。在《暂行办法》出台后的几年里,如果符合该办法规定的优先股发行条件的公司在章程中规定了发行优先股的相关事宜,全国各地乃至北京、上海这样的经济发达地区的工商登记部门都倾向于对这样的章程规定予以否决,理由是《公司法》中没有关于优先股的规定,章程中包含的优先股内容不符合《公司法》规定的公司设立条件[2]。由此观之,即使是在进入21世纪后,优先股制度在我国仍然停留在理论

---

〔1〕 李磊:"中国语境下的优先股制度功能之反思——基于政治经济学维度的分析",载《银行家》2017年第3期。

〔2〕 叶陶冶:"中国发展优先股制度研究",上海交通大学2008年硕士学位论文。

上,缺少法律层面的确认,难以在实践中得到真正的落实与发展。

直到 2013 年,国务院出台了《指导意见》,从优先股股东的权利与义务、优先股的发行与交易、优先股的组织管理和配套政策三个部分全方位地规定了优先股制度所应包含的各项规则,同时在配套政策部分进一步倡导通过其他制度的设置支撑和推进优先股制度的发展。国务院提出要建设优先股试点,这无疑是将优先股制度真正置于了实践之中,这对于我国进一步深化企业股份制改革,为发行人提供灵活的直接融资工具,优化企业财务结构,推动企业兼并重组,丰富证券品种,为投资者提供多元化的投资渠道等方面都有重要作用。

二、优先股在中国的发展适用

随后的 2014 年,证监会出台了《管理办法》,九章共七十条的内容是在国务院《指导意见》的基础上对优先股制度做出的更为细致的规定,分别规定了优先股股东权利的行使、上市公司发行优先股、非上市公众公司非公开发行优先股、交易转让及登记结算、信息披露、回购与并购重组、监管措施和法律责任等内容,并在具体条文中对涉及优先股的一些概念进行了定义和阐释。《管理办法》使得优先股进入了实践阶段,首先是银行业率先试行发行优先股,随后共有十多家上市公司先后发行优先股。目前,新三板市场发行优先股热情十分高涨。据统计,仅 2015 年 9 月份以后的半年时间里,新三板就有 10 家挂牌企业披露了非公开发行优先股的预案,并且取得了实质性进展,其中诚信小贷已披露优先股发行认购结果公告,中视文化发行优先股完成备案审查[1]。至此,我国优先股制度在这两部法律

---

[1] 陈志强:"我国优先股股东权益保护问题研究",华东政法大学 2016 年硕士学位论文。

文件的指引下开始了一系列符合国际意义上优先股规则的实践活动，随着优先股制度在实践上的推进，我国的股权制度改革也得到了进一步的深化。笔者整理的深交所和上交所的有关数据显示，自 2014 年 3 月 21 日，我国证监会发布《管理办法》以来，截至 2018 年 5 月底，共有 44 家公司发布了优先股发行预案，其中 26 家为 A 股上市公司，18 家为非上市公众公司。在 26 家发行优先股的 A 股上市公司中，18 家为银行，其余 8 家为非银行类企业，包括基建类、能源类等企业。而在 18 家发行优先股的非公众公司中，除 1 家齐鲁银行外，其余 17 家均为非银行类企业。主要集中在资金管理以及通信技术领域。

  通过分析我国优先股的发行情况，可以看出我国的优先股发行主要集中在国有上市企业，而且集中在资本密集型的商业银行中，但优先股的设计条款缺乏灵活性，几乎所有的优先股品种都没有赎回条款，可累积参与的优先股发行比例很低，与优先股制度设计的初衷相比，灵活性大打折扣。而相较于国外而言，优先股设计的初衷是为了满足创新性企业的融资需求，实际上，我国创新型企业与投资公司之间的关系更多地运用类似"对赌协议"的权利义务安排。尽管最高法院在 2013 年的再审中重新认可了"对赌协议"的效力，但针对"对赌协议"较为曲折漫长的认识，让人们重新期待优先股的出现可以矫正法院长期以来削足适履的裁判实践。国内优先股制度实践从主板市场到新三板市场，尽管立意深远，但几乎没有创新型企业的使用空间。当然，优先股暂时并未适用于创新型企业[1]。

---

  〔1〕 李磊："中国语境下的优先股制度功能之反思——基于政治经济学维度的分析"，载《银行家》2017 年第 3 期。

第一章 优先股法律制度概述

附 我国上市公司和非上市公众公司的优先股发行情况图表：

上市公司优先股发行情况统计表

发行人类型	发行人名称	发行时间	股息率	可累计股息	股东回售条款	发行人回赎条款	参与分配条款	转换条款
银行	中国建设银行股份有限公司	2018.01.04	浮动	否	否	是	否	是
	招商银行股份有限公司	2017.12.27	浮动；每5年为调整期	否	否	是	否	是
	上海银行股份有限公司	2017.12.26	浮动；每5年为调整期	否	否	是	否	是
	宁波银行股份有限公司	2017.12.23	浮动	否	否	是	否	是
	杭州银行股份有限公司	2017.12.23	浮动；每5年为调整期	否	否	是	否	是
	江苏银行股份有限公司	2017.12.08	浮动；	否	否	是	否	是
	交通银行股份有限公司	2016.09.14	浮动；每5年为调整期	否	否	是	否	是
	南京银行股份有限公司	2016.09.13	浮动	否	否	是	否	是
	北京银行股份有限公司	2016.08.19	浮动	否	否	是	否	是
	华夏银行股份有限公司	2016.04.13	浮动；每5年为调整期	否	否	是	否	是
	平安银行股份有限公司	2016.03.15	浮动	否	否	是	否	是
	北京银行股份有限公司	2015.12.22	浮动	否	否	是	否	是
	宁波银行股份有限公司	2015.12.08	浮动	否	否	是	否	是
	中国工商银行股份有限公司	2015.11.25	浮动	否	否	是	否	是
	中国光大银行股份有限公司	2015.07.03	浮动；每5年为调整期	否	否	是	否	是
	兴业银行股份有限公司	2014.12.11	浮动	否	否	是	否	是
	上海浦东发展银行股份有限公司	2016.12.10	浮动；每5年为调整期	否	否	是	否	是
	中国农业银行股份有限公司	2014.11.14	浮动；每5年为调整期	否	否	是	否	是
	中国银行股份有限公司	2014.08.21	固定	否	否	是	否	是
非银行企业	牧原食品股份有限公司	2018.02.05	固定；附单次跳息	否	否	是	否	否
	大连壹桥海参股份有限公司	2018.02.05	固定；附单次跳息	否	否	是	否	否
	山东晨鸣纸业集团股份有限公司	2016.10.31	固定；附单次跳息	是	否	是	否	否
	中国电力建设股份有限公司	2016.09.09	固定；附单次跳息	否	否	是	否	否
	中国交通建设股份有限公司	2015.09.30	固定；附单次跳息	否	否	是	否	否
	河南中原高速公路股份有限公司	2015.07.11	固定	否	否	是	否	否
	中国建筑股份有限公司	2015.03.07	固定；附单次跳息	否	否	是	否	否
	康美药业股份有限公司		固定	否	否	是	否	否

续表

发行人类型	发行人名称	发行时间	股息率	可累计股息	股东回售条款	发行人回赎条款	参与分配条款	转换条款
非上市公众公司								
银行	齐鲁银行股份有限公司	2016.11.07	浮动；每5年为调整期	否	否	是	否	是
非银行企业	广东肇庆动力金属股份有限公司	2017.07.26	固定	是	是	是	否	否
	广东晖速通信技术股份有限公司	2017.07.03	固定	是	是	是	否	否
	海南中视文化传播股份有限公司	2017.03.14	固定	是	是	是	否	否
	亿丰洁净科技江苏股份有限公司	2017.01.23	固定	是	是	是	否	否
	江西贝融循环材料股份有限公司	2017.01.19	固定	是	是	是	否	否
	福建钢泓金属科技股份有限公司	2017.01.10	固定	是	是	是	否	否
	中导光电设备股份有限公司	2017.01.03.	固定	是	是	是	否	否
	广州市聚赛龙工程塑料股份有限公司	2016.11.29	固定	是	是	是	否	否
	北京信义时代电影股份有限公司	2016.10.18	固定	是	是	是	否	否
	宁夏红山河食品股份有限公司	2016.09.28	固定	否	是	是	否	否
	汕尾高峰科特纸业股份有限公司	2016.08.01	固定	是	是	是	否	否
	宁夏法福来清真食品股份有限公司	2016.03.14	固定	是	否	否	否	否
	巢湖市诚信小额贷款股份有限公司	2015.12.07	浮动；每3年为调整期	是	否	是	否	否
	中国康富国际租赁股份有限公司	2015.11.20	浮动；每5年为调整期	是	否	是	否	否
	苏州高新区鑫庄农村小额贷款股份有限公司	2015.11.02	浮动；每5年为调整期	是	否	是	否	否
	浙江思考投资管理股份有限公司		浮动；每3年为调整期	否	否	是	否	否

第二章 优先股股东保护中的若干问题

第一节 公司并购中的利益冲突[1]

美国学者及司法判例提出,应将优先股置于公司法与合同法的断层之上进行审视,对于优先股股东的保护,有时应适用公司法,有时应适用合同法。同时,还应赋予优先股以满足适当条件下的公司控制权。尤其是在公司的并购中,我国优先股法律制度可从中获得启示:一是明确控股股东和董事对于优先股股东的受信义务;二是在合同法的理论背景下,签约方能够评估各自的客观情况,适当扩大触发优先股取得公司控制权的事件的范围。

一、问题的提出

在美国优先股的发展和立法史中,有一个时期值得特别关注。20世纪20年代,美国优先股达到黄金期,1928年优先股发行总额占到所有证券发行总额的20%[2]。但是,大萧条期间,优先股的发行量锐减,原因何在?因为在此期间,优先股

---

[1] 此部分内容曾发表于《证券法苑》2014年第12卷。
[2] "优先股研究——兼议《国务院关于开展优先股试点的指导意见》",百度文库网站 http://wenku.baidu.com/view/11426059561252d380eb6eda.html,2014年7月15日访问。

股东的利益频繁地遭到侵害，优先股市场陷入萧条。

优先股的两大优先性的权利表现在分红优先权和清算优先权：公司在运营良好的时候，优先股的优先分红权是能够得到保障的；公司在极度衰弱的情况下，优先股可以通过清算优先权保护自己；但是，当公司的经济情况不佳时，发行人在做痛苦的挣扎，要么去盈利，要么保持现有情况。挣扎的发行人可能将无限期地切断对于优先股的支付，为了避免破产，发行人有强烈的将现金流用于债务偿还的意愿[1]。此时，优先股的风险是最大的，极易受到公司中的机会主义的侵害。于是，美国各州，尤其是特拉华州采取了一系列的措施推动优先股股东保护制度的完善。

我国优先股法律制度在建立伊始，即受到了业界人士的青睐：第一，能够拓宽资本市场的融资渠道，包括：使优先股成为风险投资的重要手段，在金融动荡时期化解银行风险等；第二，还原公司的自主经营权，推进市场化的发展，包括：优先股的合约形式使得以市场化的方式推进上市公司现金分红成为可能，尤其有助于中小股东利益的保护；第三，将国有股转为无表决权的优先股，可以减少国家对公司的日常经营的干涉，既保证国有资产的保值增值，又可以把公司的自主经营权落到实处。

那么，我国的优先股法律制度设计究竟能否还原其融资和推进市场化发展的初衷？这很大程度取决于优先股是否能在投资者心中获取信任。因此，对美国优先股股东保护制度的法理基础进行辨析，并提出本土化的建议，成为本书的主要目的。

---

[1] See Weinberger v. UOP, Inc., 457 A. 2d 701, 714 (Del. 1983).

二、美国优先股股东保护的法理基础之辨析——优先股处于公司法与合同法的断层之上

优先股的法律属性是什么？它是股权还是债权？这是关乎优先股股东利益保护的重要法理基础。公司债权人与公司处于相对的地位，不管公司是否有盈余，公司债权人都可以向公司请求支付利息，公司必须向债权人偿还本金，债权人与公司的合同趋于完备性合同，大股东和董事的受信不适用于债权人；而普通股的所有人仅能在公司有充分盈余时才能分配股利，只有在公司解散时才可分配剩余财产，且盈余分配率取决于公司营业状况，股东则是公司组织的构成成员。优先股跟普通股一样，应当遵照公司规则和公司章程，但同时，也应当根据合同承担相应的义务、享有相应的权利。

所以，优先股究竟是什么？美国学界普遍认为，优先股兼具合同法和公司法所赋予的性质。优先股具有合同法所赋予的特性，即优先股持有者与优先股发行方之间依据意思自治原则订立合同；优先股也具有公司法所赋予的特性，即作为公司的股份持有者，优先股股东享有分红权。总之，关于优先股的案件，美国法院有时适用公司法，有时适用合同法。

以公司并购为例。并购时，优先股可能转换为现金、普通股，抑或具有不同权利和优先权的优先股。不过，其价值总体上不应改变。但并购对于少数优先股仍是有风险的。例如，在公司并购中，究竟应当选择合同法视角还是公司法视角来解决问题，存在理论上的争论。一方面，如果收购方不希望在存续公司中保留优先股，可进行回购，优先股股东可能足够幸运地享受到了优先权。另一方面，收购方若希望向优先股和普通股持有人支付现金，则可能出现分配不公的情况。

当优先股股东在法庭上指证董事会分配不公时，从公司法

视角和从合同法视角给出的解决方案是具有差异性的。

(一) 公司法角度

尽管优先股合同可能对于并购价格事先有约定，但多数时候并没有约定。这就使得优先股处于一种可能受到侵害的状态——在多数情况下，董事会成员由普通股股东控制。如果董事会对普通股股东的利益进行倾斜，则优先股作为少数股东，他们的利益将受损[1]。实践中，法院多依照经营判断原则选择尊重董事会的决定。

第一，在大股东控制的董事会中，优先股通常处于劣势，并购时由董事会进行利益分配往往会侵害优先股股东的利益。因此，美国法律规定，公司发行优先股时，可以设立一个由无关联董事组成的、代表优先股利益的委员会，随后就并购利益的分配进行谈判。但是问题在于，被并购公司往往认为成立代表优先股利益的委员会将为自己带来麻烦，因为优先股通常会要求更高的购买价格，因此，公司会选择拒绝设立这类委员会，优先股股东的利益因而可能会面临侵害。

第二，在股权分散的情况下，优先股的问题主要不在于公司并购中，而在于独立董事的自我交易中。但近年来，美国法院对这类交易的认定标准有所放宽：原告和无关联关系董事须承担举证义务。只是在某些特殊情况下，董事会对其通过的决议有义务进行举证，证明自我交易并没有侵害公司和股东的利益。

由此看来，在公司法的框架之内，优先股的被保护状态不佳。那么，优先股能否依照公司法的相关理论受到保护呢？答

---

[1] 特拉华州经典的案例是 Sinclair Oil 公司与 Levien 之间的诉讼：在此案中，法院认为，通过分红支付的迟延清算并不构成自我交易，而应当属于最正常不过的商业判断标准，280 A. 2d 717, 720, 723 (Del. 1971).

案是肯定的。优先股的保护源于董事、高级管理人员的受信义务，这是一种管理义务，主要适用于基于"委托-代理"关系所发生的"代理人"对"委托人"的管理责任[1]。

据此，在 Jedwab v. MGM Grand Hotels 一案中，法官 Allen 认为，优先股是合同性质的，它应由公司章程明文规定。但在普通法上，若无相反约定，所有的股权都是平等的[2]。

然而，特拉华州法律在保护优先股股东对抗发行者的机会主义时，对于"受信义务"的采用是有条件的。根据特拉华州法律的规定，优先股只有在与普通股具有共同性的方面，才享有受信义务的保护。因此，在管理者的自我交易或者因疏忽大意经营不当时，优先股股东与普通股股东一样有诉讼理由。相反地，当优先股的诉讼要求是因自身的权利和分红权而起，与普通股没有共性的时候，特拉华州法院将此类诉求视为合同性的而非依照受信义务对其进行保护[3]。此时，法官将严格按照合同来进行裁判。那么，转换至合同法的理论视角，优先股的利益是否能得到更好的保护？

（二）合同法角度

美国学界认为，公司各参与方之间的关系实际上可以视为合同关系。由此，普通股股东、优先股股东与公司之间亦可视为合同关系。然而两者的迥异之处在于，普通股的投资依据是非完备性的合同，因为股东利益太过广泛而不可能都写入合

---

[1] 施天涛：《公司法论》，法律出版社2006年版，第380页。
[2] See Jedwab v. MGM Grand Hotels, Inc., 509 A. 2d 584; 1986 Del. Ch. LEXIS 509.，转引自：任红："优先股股东权保护的法律适用问题研究"，载《理论与改革》2014年第3期。
[3] William W. Bratton, Michael L. Wachter, "A Theory of Preferred Stock", *University of Pennsylvania Law Review*, June 2013, p. 23.

同[1]。同时,公司法中所规定的董事的受信义务保障普通股股东实现自身利益的保护。

而优先股不然,其优先权利是写入合同的,是有具体的合同条款可循的,合同条款可由章程规定:在并购中,章程可以规定并购价格或者在并购时给予优先股股东清算优先权利[2];或者,章程可以规定由优先股股东进行类投票以决定是否并购[3];或者,优先股继续在存续公司中保留。因此,优先股合同通过双方的意思自治使得各自的权利义务较为明确,更有利于保护优先股股东某些特殊的利益需求。

但是,以合同法视角加强对优先股股东的保护也同样存在问题:

在并购中,无论是在合同中事先拟定优先股价格的合同条款,抑或在章程中赋予优先股股东以针对并购的类别股投票权,均可能导致公司运行的低效率:一旦价格未能达到预期,优先股股东即可反对并购;或者并购的其它条件未能满足优先股股东的利益,哪怕优先股股东只有少数几位持有者,也将导致并购的流产。所以,作为优先股发行方,他们更倾向于省略这些条款,否则,他们宁愿不发行优先股。

由此看来,将优先股的保护置于公司法与合同法的断层之上,似乎亦未能完全解决问题。那么,还有更好的方式吗?

---

[1] Marco Becht et al., "Corporate Governance and Control" (European Corporate Governance Inst., *Finance Working Paper* No. 02/2002, 2005); cf. Oliver Williamson, "Corporate Governance", 93 *Yale L. J.* 1197, 1205-06, 1210-11 (1984), available at http://papers.ssrn.com/id=343461 ("其中将股东描述为拥有大量的、含义并不明晰的财产的人,他们未能得到充分的、特定的保护")。

[2] Matthews v. Groove Networks, Inc., Civ. A. No. 1213-N, 2005 WL 3498423, at 2 (Del. Ch. Dec. 8, 2005) ("此章第5条明确表示,清算优先权利可在并购前使用")。

[3] See Del. Code Ann. tit. 8, § 151 (a) (2011).

三、优先股的保护与公司控制权

早在 20 世纪，Dodd 和 Graham 两位著名的美国学者即警告优先股的投资者，缺乏公司的控制权使得优先股股东极易受到发行者的机会主义的侵害。在公司经营恶化时，公司的机会主义者将优先股的利益剥离给普通股，这是种不公平的重新分配[1]。当公司经营较好时，并购时的合同"戏法"也会导致同样的结果。只有合同中规定，当优先股的分红被延期支付或暂停支付时，公司的控制权转移至优先股，这样，优先股的保护才具有意义。但同时，他们也认为，即使有此合同条款，如果优先股是很分散的小股东，也不能就此认定这一条款能够保证优先股股东的利益不受损害[2]。前述两位学者的分析得到了验证。使用优先股作为融资工具的成熟公司在 20 世纪后半叶显著减少。只有在受管制行业中，优先股才大量地公开发行，例如，银行和公用事业机构。

从法律角度来看，优先股在成熟公司中的衰落反映了合同机制的失调。因此，现有的关于融资的法律框架并没有提供最优的分配风险的优先股的合同范式[3]。对于优先股股东来说，根据前述两位学者的观点，公司控制权构成了保护优先股的必要条件。

首先，如果优先股股东在董事会中没有控制权，将面临发行公司中机会主义者的侵害。Equity-Linked Investors, L. P. v. Adams[4] 是一个经典案例。

---

[1] Del. Code Ann. tit. 8, § 262 (b) (1).

[2] William W. Bratton & Michael L. Wachter, supra note 7, p. 21.

[3] Del. Code Ann. tit. 8, § 262 (b) (1) - (2).

[4] See, e.g., Elliott Assocs., L. P. v. Avatex Corp., 715 A. 2d 843, 844 (Del. 1998).

这个案例始于一个名为 Genta Inc. 的公司的第 15 年，它经营顺利并且已经上市。在 IPO 时，Genta 向一组风险投资者发行了第二批优先股，价值共计 3000 万美元。最终，优先股在没有得到合同的有效保护——风险投资者在董事会中既没有控制权，也没有共享控制权和投票决定权的条件下发行。[1]

Genta 公司需要资金以支持在遗传研究领域的一系列研究。三年后，即 1996 年年中，任何可操作性的成果都毫无进展。公司的第二个经营部门则致力于应用，第三个部门有一个小的生物药剂的制作过程。实际上，八年来，公司整体上花掉了 100 万美元而没有获得 1 美元的回报。Genta 公司资金短缺。Thomas Adams 博士是公司的 CEO，他决定继续控制公司并拖延时间。从此，优先股股东拒绝继续投资，同时，优先股股东给公司的 CEO 和公司董事会施加压力，要求廉价出售公司的资产并且获得其中最大的份额。公司的 CEO 反对这么做。而对于风险资产投资者来说不利的是，他们的合同没有赋予他们权利去达成这样的诉求。另外，Genta 公司需在近期以现金或者普通股回购优先股。鉴于 Genta 没有现金，因此只能以普通股来换购。但是，Genta 公司的问题在于，优先股回购的日期临近，而纳斯达克将开始对 Genta 公司实施摘牌，因为该公司已经不符合上市标准。摘牌在优先股的合同中被视为"根本性的变化"，这种变化将使优先股获得要求用现金回购其股份的权利。因此，公司的 CEO 不得不与时间赛跑。他得筹集新的融资从而在纳斯达克将普通股摘牌之前稳定住公司的现金流[2]。公司的 CEO 和 Genta 公司将目光投向了由 Rosenwald 博士经营的 Aries 公司。Genta 公司以

---

[1] See Rothschild Int'l Corp. v. Liggett Grp., Inc., 474 A. 2d 133, 137 (Del. 1984).

[2] 990 A. 2d 435 (Del. Ch. 2010).

自己的公司资产作担保，获得了 Aries 公司 300 万的借款，Genta 公司给予 Aries 公司董事会的控制权以及公司的投票决定权。Aries 则承诺尽最大的努力进行更大的融资，如果 Aries 公司未能在六个月中融资 350 万美元，它将失去在 Genta 公司董事会中的控制权。显然，Aries 公司可以任命自己的 CEO。Genta 公司的优先股股东们反对这一笔交易，他们试图获取更多的现金。但是 Genta 公司拒绝了。于是，优先股股东们在 Geanta 公司的所在地——特拉华州，向法院提起诉讼以保护自己的权利[1]。优先股股东这一行为意味着承认优先股合同的失败。Genta 公司没有一个部门盈利，因此，Aries 公司估算，Genta 公司中可实现的资产价值 300 万。但不幸的是，Genta 公司延迟回购优先股的行为给优先股股东的利益造成了毁灭性的打击。当优先股股东什么都不做而只是等待时，Aries 当初的借款到期则使得他们获得了在公司清算时的优先权。

也许，优先股合同可以赋予优先股以董事会的控制权或者在董事会中拥有能够影响不参与管理的董事的席位。如果优先股能够在董事会中取得控制权，那么 Genta 公司将进行有序的清算，不会存在最后的、没有退路的融资，也不会使得纳斯达克延迟摘牌。

其次，优先股股东难以在公司的股东（大）会中拥有投票决定权。

美国许多州的立法者，包括特拉华州的立法者，修改了各州的公司法典，以期为优先股股东提供相应的保护，即优先股可以与公司签订合同规定，在公司章程中设置条款，在公司合并时，需进行类别股份投票[2]。但是，这样的条款是很少存在

---

[1] See Del. Code Ann. tit. 8, § 262 (b) (2) (2011).
[2] James, 990 A. 2d at 439.

的，尤其对于公开发行的优先股来说。在20世纪80年代，学者们针对在特拉华州设立并在纽约证交所上市的公司中规制优先股的章程进行研究发现，仅仅有14%的公司章程要求在公司合并时进行类别股东投票[1]。许多发行者小心地利用这一"缺陷"成功地在合并中将优先股的价值转移给了普通股。特拉华州法院支持了这些发行者以及这些价值转移。例如在Rothschild v. Liggett案例中，优先股在合并中所获得的现金要少于其清算优先利益[2]。

四、对我国优先股股东保护的启示

首先，以公司法中的董事、控股股东的受信义务为法理基础保护优先股股东的利益，在我国暂无相关依据。我国现行的《公司法》《指导意见》（2013年）、《管理办法》（2014年）都没有对大股东和董事对优先股股东是否承担受信义务作出规定，而1994年8月证券委、体改委发布的《到境外上市公司章程必备条款》（以下简称《必备条款》）中规定，董事真诚地以公司最大利益为出发点行事，即对不同类别的股东应当公平等受信义务仅适用于赴境外上市的公司，这造成优先股股东权内外保护有别，对国内优先股股东权的保护显失公平[3]。

其次，依据合同法的理论，我国的优先股法律制度下，发行者与优先股投资者之间似乎并不具备很大的自治空间。美国《标准商事公司法》中没有搜索到"优先股"，而以类别股代之。《标准商事公司法》作为各州公司法的范本，仅有第6.01

---

[1] See id. at 439, 444 & n.36.

[2] Id. at 440.

[3] 任红："优先股股东权保护的法律适用问题研究"，载《理论与改革》2014年第3期。

条、6.02 条和 10.04 条对类别股进行规制,并将类别股的创新与设置授权给公司章程,且第 6.01 条(f)指明本法对股票种类或系列的优惠、限制及其相关权利的规定并不是穷尽的[1]。美国的优先股制度主要是授权给公司章程,最大程度地还原公司的意思自治。然而,我国的优先股法律制度则更多地体现了强行法的特征,《管理办法》对于发行者和投资者的主体资格、优先股的表决权事项等均作出了较为细致的规定。

那么,就我国目前的立法情况来看,保护优先股股东较具有操作性的途径应当在于优先股表决权在合同约定情形下的恢复,使得优先股能够通过投票权影响公司的经营决策,获得公司的控制权,从而保护自身利益。即,在优先股合同中约定,当某些重大情况出现时,优先股的表决权应当恢复。然而,操作起来并没有那么简单,以浦发银行优先股的发行为例。

浦发银行预案规定:当公司累计三个会计年度或连续两个会计年度未按约定支付优先股股息时,优先股股东有权出席股东大会与普通股股东共同表决。此时的优先股股东拥有了与普通股股东相同的表决权。不过,浦发的每股优先股股东享有的恢复表决权比例=每股发行价格/2013 年末每股净资产。由于计算公式的分母放弃采用市价原则,而浦发银行当前的股价仅相当于其每股净资产的九折,因此,相对降低了优先股股东恢复表决权的比例。值得注意的是,除了在送股转增股本或配股增发时可以调整分母预设的 10.96 元(2013 年末净资产)的价格外,公司派发现金股利时,该价格是不得调整的。这也是对普通股股东权利的一种保护。假设浦发银行足额发行 3 亿股优先股,则全部优先股当前最多可以享受的恢复表决权相当于 27.37

---

[1] 梁胜、易琦:"境外优先股法律制度比较研究",载《证券法苑》2013 年第 1 期。

亿股普通股，占发行后总股本的 12.8%（总股本包括恢复表决权优先股享有的比例）。可见，即便优先股股东全部恢复表决权，也难以通过股东大会影响公司的经营决策[1]。

通过上述分析得知，无论将优先股置于合同法与公司法的断层上进行审视，抑或赋予优先股以满足适当条件下的公司控制权，在优先股股东保护这一问题上，都不应成为孤立的理论支持。

在我国现有的立法框架之下，提出几点建议：一是明确控股股东和董事对于优先股股东的受信义务，当然受信义务应当被正当履行。首先，根据合同的约定，优先股的优先权才是明确的，那么董事会就必须尊重优先股的权利，但是董事会不应当以牺牲普通股为代价进一步使优先股在未明确的信托中受益，而应当为了公司的价值最大化作出经营上的判断和决定，能够尽力调解优先股股东与普通股股东之间的利益冲突。二是在合同法的理论背景下，签约方能够评估各自的客观情况，适当扩大触发优先股取得公司控制权的事件的范围。以上述 Equity-Linked Investors, L. P. v. Adams 案件为例，公司控制权的偶发性变动条款是因为纳斯达克对公司进行停牌，但这仍然是可控的。好多签约策略都可以避免这一问题。例如，合同中可以禁止公司再次举债，那么现金回购优先股就可以冷冻 Aries 和 Genta 之间的交易。再者，合同签约方扩大触发优先股取得公司控制权（例如决定是否回购）的事件的范围等。真实世界的代理人是不完美的。曾经的安然破产事件提醒我们，将许多会计数字用作合同的标准是可操作的。当然，也会带来问题，因为优先股的回购可能会启动得太早或者太晚。总之，一系列有效的合同机

---

[1] 方锐：“浦发银行优先股方案利好普通股”，载《证券时报》2014年5月5日。

制是可以通过一次次的合同而去总结经验的。

然而，也有学者提出，Dodd 与 Graham 两位学者在大萧条时代所持有的风险规避的态度与现代金融经济学背景下的"风险中性"有些不协调。当代，公司优先偿还次级债而不是给予优先股分红，这种选择应当归因于税收制度和债务资本化的成本优势，而不是优先股本身的任何弱点[1]。另外，从效率的角度出发，存在两方面的问题。一方面，合同条款中的预期情况是无法穷尽的；另一方面，在有些情况下，利用优先股股东的控制权也存在一定的问题，因为这很可能阻碍公司在竞争激烈的市场上作出快速的决策。如若对优先股股东的保护过度，对于发行者来说，发行成本增加，压力过大，可能会造成优先股制度的适用在资本市场上的夭折。但是，如何才能认定优先股股东的控制权意味着选择的不效率？

简言之，立法者、优先股股东与发行方如何在效率、公司各方利益的协调与权利保护之间寻求最佳的平衡点，始为"优先股股东保护"的方向。

第二节 优先股退出机制中的权益保护问题

优先股的退出机制主要包括优先股的赎回、转换成普通股和异议股权回购三种方式。

一、优先股赎回时的优先股股东保护问题

（一）优先股赎回的分类

优先股的赎回分为两类，第一类是公司主动发起赎回，发

---

[1] See Bratton, supra note 7, at 914-16.

行公司一旦决定要按照规定条件对股票进行赎回时，股东不能拒绝；第二类是优先股股东主动发起赎回，称为优先股的回售，其中又包括两种类型：一是股东的任意赎回权，二是异议股权回购请求权。行使任意赎回权时，需满足章程中所规定的条件或者优先股的投资合同所规定的条件；而异议股权回购请求权的行使则需依照《公司法》第74条[1]的规定，在满足若干条件后方能启动。但《公司法》第74条是适用于有限责任公司的，鉴于《管理办法》仅允许上市公众公司和非上市公众公司发行优先股，因此《公司法》第74条关于异议股权回购的制度不适用于优先股。

上述类型的赎回在我国《指导意见》和《管理办法》中均有规定。《指导意见》第4条规定：公司可以在公司章程中规定优先股转换为普通股、发行人回购优先股的条件、价格和比例。转换选择权或回购选择权可规定由发行人或优先股股东行使。发行人要求回购优先股的，必须完全支付所欠股息，但商业银行发行优先股补充资本的除外。优先股回购后相应减记发行在外的优先股股份总数。上市公司可以对优先股的回购条款作出约定，甚至明确指出回购时"必须完全支付所欠股利"，为发行可回购优先股留下了法律上的空间。《管理办法》第13条和《深交所实施细则》第50条规定了更为具体的内容：发行人回购优先股包括发行人要求赎回优先股和投资者要求回售优先股

---

[1]《公司法》第74条：有下列情形之一的，对股东会该项决议投反对票的股东可以请求公司按照合理的价格收购其股权：（一）公司连续五年不向股东分配利润，而公司该五年连续盈利，并且符合本法规定的分配利润条件的；（二）公司合并、分立、转让主要财产的；（三）公司章程规定的营业期限届满或者章程规定的其他解散事由出现，股东会会议通过决议修改章程使公司存续的。自股东会会议决议通过之日起六十日内，股东与公司不能达成股权收购协议的，股东可以自股东会会议决议通过之日起九十日内向人民法院提起诉讼。

两种情况,并应在公司章程和招股文件中规定其具体条件。发行人要求赎回优先股的,必须完全支付所欠股息,但商业银行发行优先股补充资本的除外。优先股回购后相应减记发行在外的优先股股份总数。

(二) 优先股赎回时所面临的风险

1. 发行方没有能力回购优先股

即便已经在投资协议中设置了相关的回购条款,但发行公司也很有可能在条件成就时没有能力真正回购优先股,优先股无法真正退出。而商业银行因受制于资本金的监管压力,对优先股的回购条款不感兴趣,转而倾向于设置优先股的强制转股条款,以缓解资本金的压力。

以广汇能源设置的优先股赎回条款为例。在2013年的发行原预案中,广汇能源甚至没有设置优先股的赎回条款。广汇能源拟向不超过200名合格投资者发行不超过5000万股优先股,募集资金总额不超过50亿元,其中15亿元用于红淖铁路项目,剩余部分用于补充流动资金。优先股种类为股东股息率、非累积、非参与、不设置赎回和回售条款、不可转换等。广汇能源给出的数据是,按照当时拟募资的规模计算,优先股发行当年的年度股息总额不超过5.48亿元,公司近三年实现的年均可分配利润为8.97亿元,足够支付优先股一年的股息,因此,优先股的投资者在收益上的风险趋零。但事实上,即便按照第一年5.48亿元的优先股股息水平计算的话,也要接近10年才能使得优先股股东收回成本[1],如果没有设置退出机制而优先股股东需要抽身而退的话,只能在市场上进行转让。鉴于优先股的流动性较差,因此优先股股东会作出折价转让的举动,进而亏本。

---

[1] 唐振伟:"被迫修改优先股发行预案,广汇能源回购能力被质疑",载《证券日报》2014年5月6日,第C04版。

如果不退出，广汇能源未来10年的盈利状况难以预测。由于业内人士的质疑，广汇能源修改了优先股的发行预案。除了股息率的确定和表决权的恢复方面做了相应的调整以外，广汇能源增加了优先股的回购条款："公司可根据发行条款并在符合相关法律、法规、规范性文件的前提下回购注销本公司的优先股股份；公司与持有本公司优先股的其他公司合并时，应回购注销相应优先股股份。"然而，广汇能源的回购能力却遭到了业界的质疑。广汇能源2013年年报显示，该公司营业收入48.05亿元，同比增长29.34%，但归属上市公司股东净利润仅为7.51亿元，同比下滑22.09%；经营活动产生的现金流净额更是为-2.33亿元，同比大幅下降了157.29%。此外，广汇能源一季报显示，该公司偿债能力、现金流水平等远远低于行业内上市公司的平均值。截至3月31日，该公司的短期借款已从32.12亿元飙升至60.74亿元，应付账款高达25.26亿元，刷新了上市以来的历史新高。其它应付款也高达11.87亿元，不考虑长期负债等因素，上述三项已高达97.87亿元。同期，货币资金、应收账款和其它应收款等合计仅为51.63亿元。两者比较，短期资金缺口高达46.24亿元。而广汇能源优先股募资总额最高为不超过50亿元，已达到了其今年一季度末净资产102.2亿元的48.92%，几乎是"顶着"50%的上限来募资；同时，募集资金中高达35亿元竟然用来补充公司的流动资金，也饱受投资者的质疑[1]。

而商业银行发行的优先股也面临赎回风险。尽管商业银行股较为稳定，一般不会出现股价大起大落的情形，但商业银行受制于资本充足率指标的监管，银行都在广泛地补充资本，因

---

[1] 唐振伟："被迫修改优先股发行预案，广汇能源回购能力被质疑"，载《证券日报》2014年5月6日，第C04版。

此对于回购优先股条款的设置并不感兴趣。浦发银行于 2014 年 4 月 29 日公布了 300 亿元的优先股定向募集计划，计划仅仅设定了两项强制转股条款[1]。

2. 普通股股东对优先股股东利益的侵害

第二个风险是，普通股股东利用对公司的控制权，迫使优先股股东接受不合理的回赎条件，还可以通过寻求优先股在证券交易所摘牌的方式胁迫优先股股东。几种可能出现的情况是：第一，在优先股分红尚未完成分配的时候，普通股就迫使优先股的股权被回购。此外，在公司合并、分立以及破产解散等情形下，普通股股东可能不顾优先股股东利益，作出实质上取消优先股优先权的决议。在此种情况下，应该授予持有异议的优先股股东主动申请回赎的权利，以制约普通股股东的表决权；第二，回赎价格。如果发行时对回赎价格进行了约定，则需按约定执行。如果没有事先约定，则需对回赎价格进行合理评估，并由优先股股东与股东大会磋商决定。但是优先股股东在回购时可能会被迫接受不合理的回赎条件；第三，回赎对象。回赎优先股，大股东操纵公司，导致回购并没有针对全部优先股股东，损害了其他优先股股东利益。我国《指导意见》对优先股回赎进行了规定，在回赎优先股的条件、价格和比例等问题上赋予了发行人自主权，并将回赎选择权赋予了发行人和优先股股东。但该规定过于原则性，完全赋予公司自治不利于保护优先

---

[1] 浦发银行在预案中设定了两项强制转股条款：当公司核心一级资本充足率降至 5.125%（或以下）时，由公司董事会决定，本次发行的优先股应按照强制转股价格全额或部分转为公司 A 股普通股，并使公司的核心一级资本充足率恢复至 5.125% 以上；其二是，当公司发生二级资本工具触发事件时，本次发行的优先股应按照强制转股价格全额转为公司 A 股普通股。参见张歆："私募建言优先股'捆绑'回购，多家银行表示不可行"，载《证券日报》2014 年 5 月 6 日，第 B01 版。

股股东的利益[1]。

优先股在回购中需要面临上述两个风险。然而,公司的利益永远都在多方手中摇摆。在讨论优先股股东的保护问题时,我们不得不关注普通股股东的利益平衡。事实上,优先股的回赎条款很可能造成对普通股股东利益的损害。

以美国 ODN 公司的股份回购案为例。2000 年 Hsu 和 Ng 共同创办了 Oversee.net(以下简称 Oversee)。此后,公司不断通过开发自身产品和并购其他企业发展,至 2007 年底,Oversee 的年利润超过了 2 亿美元,并拥有了四条主线业务。2008 年 2 月,风险投资企业 Oak Hill Capital Partners(以下简称 Oak Hill)和各参与方设立了 ODN 作为 Oversee 的全资控股公司,由 Oak Hill 向 ODN 投资 1.5 亿美元,并获得了相应数量的优先股股权。该优先股的条款使得 Oak Hill 可在其投资五年后要求 ODN 强制回赎其优先股;若公司届时无足够资金回赎,则应在有该等回赎资金时逐步实现回赎权。2009 年 Oak Hill 向 Ng 支付 2400 万美元获得其普通股股权,自此,Oak Hill 成为 ODN 的控股股东,并先后向 ODN 委派了 Morse、Pade 及 Scott 三名董事,此时 ODN 董事会另有五名董事。此后至 ODN 案诉讼开始前,ODN 的董事会成员人数在 5~8 人间波动。同年,ODN 和 Oak Hill 修改了回赎权的实现条款,在修改后的条款下,若 ODN 无足够资金回赎 Oak Hill 优先股,则 ODN 有义务筹措该等资金。2011 年,ODN 的利润从 2007 年的逾 2 亿美元下降到了 1.41 亿美元;或许是为了尽快收回投资,Oak Hill 宣布决定在 2013 年即行使其优先股的赎回权。于是,ODN 极大地改变了运营模式,不再专注于扩展业务,而是开始为赎回 Oak Hill 的优先股而积累资金。此后,

---

[1] 钟颖:"优先股股东与普通股股东的利益冲突与平衡",载《南方金融》2016 年第 8 期。

ODN 陆续出售了公司的三条主线业务及第四条主线业务的最重要的分支筹措资金，导致 2015 年 ODN 的年利润较 2011 年的年利润下降了 92%。最终，通过不断出售 ODN 业务筹措资金，Oak Hill 实现了高达 8500 万美元的回赎权，而 ODN 却日益"消瘦"，只余空壳而奄奄一息。2016 年，创始人 Hsu 通过其持有公司股权的信托向特拉华州衡平法院提交了诉状[1]。

此案反映出来的问题是公司治理中的普遍问题：普通股股东与优先股股东之间的利益冲突。ODN 公司变卖了主线业务以履行与优先股签订的投资协议，但这对普通股股东的利益是一种威胁甚至损害，那么普通股股东应当如何维护自己的利益呢？问题的焦点回到如何审视董事会作出出售公司主线业务的决策，董事会的决策是否违法，是否符合对股东所负担的信义义务，董事会是否可以援引商业判断规则来为自己的决策行为辩护？这些问题将在后文中详述。

二、优先股转股时的风险

优先股按照是否可以转换成普通股可以分为可转换优先股和不可转换优先股。依照《指导意见》第 4 条的规定，公司可以在公司章程中规定优先股转换为普通股、发行人回购优先股的条件、价格和比例。转换选择权或回购选择权可规定由发行人或优先股股东行使。然而，在《管理办法》却又对可转换优先股的发行作了更加严苛的规定，其中第 33 条规定，上市公司不得发行可转换为普通股的优先股。但商业银行可根据商业银行资本监管规定，非公开发行触发时间发生时强制转换为普通股的优先股，并遵守有关规定。因此，在我国现行法下，优先

---

[1] 张毅、楼笑含："从 ODN 案看美国董事信义义务的新动向"，载《财经法学》2018 年第 1 期。

股的退出机制之一——转换为普通股的渠道并不通畅。立法者更青睐发行不可转换优先股来保障市场的诸多方面：一是我国上市公司的股权结构为国有股一股独大，如果允许上市公司发行可转换优先股，那么若干年后可能面临上市公司的控制权变为非国有化的境况，毫无疑问，优先股转换将稀释其表决权、摊薄权益，甚至可能导致普通股的二级市场价格下跌，也许出于保证国有股的控制权的目的，立法者作出了这样的取舍；二是考虑到商业银行补充资本金的需求，允许优先股日后转换为普通股，有利于资本累积，因此立法者作出了例外的规定。然而，对于优先股的持有者来讲，退出公司的渠道受到了阻碍，如果缺少退出机制，投资者在评估优先股的投资价值时会考虑流动性风险，由此可能对优先股的发行和认购增加困难。

当公司非公开发行可转换优先股时，应当对转换的触发事件、程序条件、转换系数等进行适当规制，以平衡两类股东的利益。以触发事件为例，在公司分立或者合并时，为了保护优先股股东利益，需赋予其优先股转换的选择权，或者要求分立或合并的决议需获得优先股股东大会的表决通过，以避免普通股股东通过公司分立或合并来损害优先股股东利益[1]。

三、优先股回售时的保护问题

《管理办法》并没有针对优先股股东设置异议股权回购制度，仅在第 13 条以授权章程和招股文件的形式规定了投资者要求回售优先股的情形。《公司法》第 74 条关于异议股东股权回购请求权制度仅适用于有限责任公司，而不适用于有资格发行优先股的上市公众公司和非上市公众公司。优先股的回售制度

---

[1] 钟颖：“优先股股东与普通股股东的利益冲突与平衡”，载《南方金融》2016 年第 8 期。

是优先股股东主动发起的、要求发行方回购自己股份的制度。

后文的优先股类别表决权的论述中,优先股对试图变更自身权利的公司决议拥有类别表决权,但仍然是依据资本多数决原则,即便决议在优先股股东大会中通过,也仍然有投反对票的优先股股东的权利无法获得救济。所以此时,应当赋予持有异议的优先股股东以回售权,但现行《管理办法》并没有关于回售制度的只言片语,而是完全将这一制度授权章程和招股文件去设计,那么优先股股东可能会面临权益被侵害的风险,主要原因在于:触发优先股回售的条件为何?触发事件的信息披露是否合法、完备?优先股股东要求公司回购股份的程序为何?回购的价格如何计算?回购的比例是多少?回购的对象是谁,是针对全体优先股股东还是仅仅针对异议优先股股东?如果回购时,公司尚未完成针对优先股股东的派息,该如何处理?《管理办法》对此均没有回应。

本书拟就其中几个问题进行分析和梳理。

第一,触发优先股回售的条件为何?这恐怕需要法律授权公司章程或者招股文件去完成,因为资本市场瞬息万变,公司融资的目的不同,优先股投资者投资的目的也不同,风险偏好有区别,所以如果发行方能够与优先股投资者达成一致协议,是符合合同意思自治的,也能够最好地体现投融资双方对市场风险的把控;第二,触发事件的信息披露问题。美国在司法判例中确立了判断优先股回赎是否公平的两个标准:第一,公司是否对回赎进行了充分的信息披露;第二,回赎是否是在双方意思自治下达成的[1]。可见,触发事件的信息披露问题是至关重要的,它事关优先股股东是否能够在第一时间准确地掌握触

---

[1] 钟颖:"优先股股东与普通股股东的利益冲突与平衡",载《南方金融》2016年第8期。

发事件的来龙去脉,并且随后作出风险评估,决定是否向公司提交回售申请。触发事件的信息披露应当涉及触发事件发生的时间、地点、原因,立法应当对触发事件进行类型化分析,对不同类型的触发事件进行信息披露的时间作出细分,或者通过司法解释或者指导性案例的方式进行细分,以免普通股股东借机拖延披露时间而使得优先股股东权益受损;第三,优先股股东要求公司回购的程序为何?本书认为,可以参照《公司法》中的异议股东股份回购请求权的程序进行规制;第四,回购的价格如何界定呢?此处可参照法国《商事公司法》第228-35-10条规定,回赎优先股的前提是公司章程在优先股发行之前已经明确公司拥有回赎全部或部分优先股的权利,并且没有未分派优先股股息的情况;回赎价格由优先股股东专门大会与公司协商确定,如果双方未达成一致,则由双方指定或最后由法院指定评估鉴定人确定[1]。因此,回购价格应按照双方约定的条款执行,如果没有事先约定,则需要由中立的第三方评估机构对回购价格进行评估,超过一定期限不提出请求则视为同意优先股股东的回购价格要求;第五,回购的对象应当是针对反对决议并提出回购申请的优先股股东,公司对这些股东的股份应当全部回购,回购应当按照法律履行信息披露程序,做到公开、透明;第六,如果回购发生时,公司尚未完成全部优先股股息的派发,则应当先由公司完成股息派发再进行回购,防止公司利用此机会侵占优先股股东的利益。

---

〔1〕 钟颖:"优先股股东与普通股股东的利益冲突与平衡",载《南方金融》2016年第8期。

第三节 优先股股东表决权的保护问题

优先股表决权的保护涉及两个方面的问题：一是优先股的类别表决权；二是优先股的表决权恢复问题。类别表决权，是指在普通股东大会之外，类别股股东在类别股东会上行使的表决权。《管理办法》第 10 条也规定了类别表决权，同时将恢复表决权的优先股股东排除在优先股股东会议的表决事项之外，他们将在普通股股东会议上行使表决权。而优先股的表决权恢复则意味着优先股股东同普通股股东一样行使表决权，表决权的适用范围也等同于普通股股东的表决权范围。本书拟对这两个方面进行分别论述。

一、优先股类别表决权的立法评析

(一) 类别表决权概述

1. 定义

所谓类别表决权，一定是指类别股股东在普通股东大会之外分类召开的类别股东会上的表决权，类别股股东对变更其在公司中的参与权的有关公司议案作出意思表示（赞成、反对或弃权），从而形成类别股股东团体的意思[1]。它源于股份公司尤其是公众公司或上市公司股份的不同种类以及不同种类股份之间的利益差别。类别股份主要是指在财产权和控制权内容方面有着明显区别和差等的不同股份。具体来讲，类别股份可以在盈余分配、股息分配、剩余财产分配、股份销除或以盈余冲销股份、股份合并或因合并而分配股份、新股认购、股份转换

---

[1] 刘胜军:"类比表决权：类别股东保护与公司行为自由的衡平——兼评《优先股试点管理办法》第 10 条",载《法学评论》2015 年第 1 期。

的选择、权利处分等方面具有不同的权益，优先股即属于类别股份的一种[1]。由于权益上的差异，类别股份持有人相应地具有不同类别的表决权。

2. 类别表决权的价值

类别表决权是为类别股股东设立的事前救济方式。普通股股东选择产生董事会，进而获得了公司的控制权，很容易利用其表决权优势和对公司的控制地位使得公司的经营和决策倾向于自身利益，通过公司的股权置换、产业重组等方式剥夺优先股股东的利益，增加了普通股股东的利益。当这些重大决议涉及优先股股东利益时，如果法律赋予优先股股东他们以类别表决权，那么优先股股东就获得了事前预防损害发生的工具。另外，赋予优先股股东以类别表决权，同时也可能造成公司决议的效率低下，但这种代价是无可回避的，因为公司是一个诸多利益主体组成的契约束，需要各方利益均获得平衡，尤其是优先股股东保护与公司的行为自由之间的利益冲突应当得到足够的衡量，而这一利益衡量的结果取决于公司法的价值判断[2]。

3. 行使方式

在我国，优先股行使类别表决权没有明确的制度设置，即法律没有明确规定设立类别股东大会制度。因此，尽管《指导意见》第 5 条和《管理办法》第 10 条规定，上述事项的决议，除须经出席会议的普通股股东（含表决权恢复的优先股股东）所持表决权的三分之二以上通过之外，还须经出席会议的优先股股东（不含表决权恢复的优先股股东）所持表决权的三分之

---

[1] 参见徐子桐：" 从银山化工案看类别股东表决"，载《证券市场导报》2004 年 2 月号。

[2] 刘胜军：" 类比表决权：类别股东保护与公司行为自由的衡平——兼评《优先股试点管理办法》第 10 条"，载《法学评论》2015 年第 1 期。

二以上通过，事实上是类似于类别股东大会制度的，但由于缺乏法律的明确规定，优先股行使类别表决权没有制度上的保障。

（二）经典案例评析

我国的优先股法律制度是在2013年时设立的，至今最高法院未有出台相关指导性案例，或许对于优先股性质界定以及如何建构相应制度融入现行法律中，还在研究之中，不过，这并不妨碍本书以过往案例梳理类别表决权的法律问题。

2003年1月，业已退市的银山化工实行重组，公司董事会通过了后来被称为"郑百文"式的股份置换方案，即：成都国贸实业集团公司以其持有的成都国贸实业集团股份有限公司的法人股与银山化工流通股股东持有的银山化工的流通股按1:1的比例置换，银山化工流通股股东将其置换后的股份的50%无偿赠与（零价补偿）成都国贸实业集团公司。由于遭到流通股股东和社会舆论的反对，原定于2003年3月召开的对该方案进行表决的临时股东大会被迫取消。其后，银山化工修改了公司章程，增加了有关类别股东表决的规定，即流通股股东可对涉及自身重大权益的问题进行类别表决。2003年9月，公司再度提出与前述内容基本相同的置换议案，并根据公司章程规定于10月28日以通讯方式同时召开临时股东大会和流通股类别股东大会。10月31日，银山化工公布表决结果，临时股东大会以压倒多数（95.32%）通过上述议案；类别股东大会214.37万股赞成，113.39万股反对，分别占出席会议流通股股东所持有效表决权的65.28%和34.72%，即超过半数同意通过该方案。该结果旋即遭到流通股股东的严重质疑并被举报至证监会。11月6日，银山化工刊登更正公告，称类别股东表决结果应为155.4166万股赞成，181.0425万股反对，分别占出席会议流通股股东所持有效表决权的46.19%和53.81%，即未能通过该方案,至此,流通股股东通过类别表决终于如愿以偿[1]。

此案反映出来的关于类别表决权的问题主要有:第一,当公司的董事会通过的决议涉及流通股股东(事实意义上的类别股股东)的利益时,公司并未获得其同意;第二,章程增加了有关类别股东表决的规定后,公司以同时召开临时股东大会和流通股类别股东大会的形式对董事会的股权置换决议进行了表决。但问题在于,董事会是由普通股选举产生的,董事作为受信人,其所做出的决议无疑是倾向于普通股股东的利益,并且往往会牺牲其他类别股东的利益,因此,临时股东大会所做的决议,是否需要经过事先通知类别股股东并给予其充分的考虑时间,而非以同时召开会议的形式对董事会所提出的决议进行表决。这属于类别股表决程序上的问题;第三,尽管流通股股东行使了类别投票权,但一则出席会议的人数占比或表决权占比都没有相应的法律规范的要求,二则整个过程缺乏监督和透明度,使得公司竟然虚报了流通股的投票率。我国《公司法》尚未认可类别股,优先股也是在2013年之后获得立法者的承认,优先股作为类别股之一,其表决权是否得到了较好的法律保护?事实上,类别股表决权受到侵害的境况即便在2013年优先股的相关法律规范出台之后也未能得到较大的改善。

二、优先股类别表决权容易受到侵害

(一)优先股类别表决的程序存在的问题

1. 优先股类别表决权的行使时间没有明确的规定

如前面案例所述,2004年时,类别股的表决与普通股的临时股东大会是同时召开的,而在2013年《管理办法》出台以

---

[1] 徐子桐:"从银山化工案看类别股东表决",载《证券市场报道》2004年2月号。

后，这个问题仍然没有得到解决。普通股东会与类别股东会应"同时召集，分类表决"，还是应"先后召集，分类表决"？刘连煜教授反对"同时召集，分类表决"，认为客观事实上，类别股东会决议对象为普通股股东会的决议，于同时召集时，尚未有普通股股东会变更章程或公司根本性结构变化的决议产生，即类别股东会表决的事项尚未存在，决议的对象还不存在类别股东会如何决议？其次，同时召集，如普通股东会与类别股东会均单纯列明召集事由为概括事项"章程修改或公司合并"，而未列明具体详细内容，则优先股股东获得召集通知时无法知道章程修改或公司合并结果将如何影响其权益，可能疏忽而丧失其必须出席会议捍卫自己权益的机会。此外，股东同时持有普通股和优先股之情形也将不鲜见，则这类股东如何同时参加普通股东会和类别股东会的决议[1]？而事实上，《指导意见》第10条的表述为："出现以下情况之一的，公司召开股东大会会议应通知优先股股东，并遵循《公司法》及公司章程通知普通股股东的规定程序。"此条款并未要求公司在表决前将要决议的事项详细地通知优先股股东，公司如果选择不列明具体的待表决事项的话，优先股股东可能并不会对此有足够的重视，造成出席率低，不能够真正地维护自己的利益，而公司却无需为自己的行为前述负担法律上的责任。

2. 优先股类别表决的生效要件缺乏法律的详细规定

第一，优先股股东进行类别表决，出席股东大会的最低人数或者最低的表决权占比却没有明确的规定，那么可能产生这样的情况，即仅仅有极少数的优先股股东来参加会议进行表决，即便有出席会议的优先股股东所持表决权三分之二以上通过决

---

[1] 刘胜军："类比表决权：类别股东保护与公司行为自由的衡平——兼评《优先股试点管理办法》第10条"，载《法学评论》2015年第1期。

议，符合《管理办法》第 10 条所规定的生效要件，但仍然可能代表的是很小一部分股东的意思表示[1]。更为严重的情况是，有些掌握公司控制权的大股东可能通过关联关系等间接持有公司的大部分优先股，那么他们既可以在普通股股东大会中顺利地使得这些决议通过，也可以在优先股的类别表决制度中呼风唤雨，这样一来，优先股的类别表决制度作为其维权的事前救济渠道就被切断了生命线。第二，对于所有的需经优先股股东大会表决的公司议案不加以区分，绝对性的以"双三分之二"为生效要件，这种强制性的笼统规定缺乏灵活性，降低了公司的决策效率[2]。

（二）优先股类别表决权的适用范围

1. 我国优先股类别表决权的范围

我国《管理办法》界定了优先股的类别表决权的范围。《管理办法》第 10 条规定，优先股股东有权出席股东大会会议，就以下事项与普通股股东分类表决，其所持每一优先股有一表决权，但公司持有的本公司优先股没有表决权：（一）修改公司章程中与优先股相关的内容；（二）一次或累计减少公司注册资本超过百分之十；（三）公司合并、分立、解散或变更公司形式；（四）发行优先股；（五）公司章程规定的其他情形。上述事项的决议，除须经出席会议的普通股股东（含表决权恢复的优先股股东）所持表决权的三分之二以上通过之外，还须经出席会议的优先股股东（不含表决权恢复的优先股股东）所持表决权的三分之二以上通过。由此可见，我国对于优先股类别表决权

---

[1] 参见李洋："优先股表决权研究"，载《黑龙江政法管理干部学院学报》2016 年第 4 期。

[2] 李娟："我国优先股类别表决法律问题研究"，山东科技大学 2017 年硕士学位论文。

的立法属于列举式和兜底式立法的结合，其中第（一）至（四）项是列举式，第（五）项是兜底式。

本书认为，优先股的类别表决的范围有以下几种分类：

（1）主观标准：就是否对优先股股东造成不利影响来划分，一是对股东的利益基本不会产生不利影响的决议事项，二是对优先股享有优先权部分的利益造成不利影响的决议事项和对优先股与普通股同种类的权益造成不利影响的决议事项。

（2）客观标准：根据决议事项的后果不同，分为涉及类别权益的变化和公司根本结构的变更等决议事项（即导致优先股的优先权变更的决议事项）和并不涉及类别权益的变化和公司根本结构的变更等决议事项（即不会导致优先股的优先权变更的决议事项）。

2. 国外的立法例

《日本公司法典》没有采用优先股的概念，而是采用了类别股的概念，并且规定了类别表决权制度，其321和322条规定，类别股东会表决事项以该法和公司章程约定为限，凡是对某一类别股的股东有造成损害危险的事项，该行为或者议案未经该类别股东组成的股东会表决通过，即不发生效力。第322条列举了13项需要类别股东会决议通过的事项，这些类别表决权涉及的范围包括两方面的内容，一是涉及类别权益的变化，二是公司根本结构的变更等。第324条第2款列举了6项需要类别股东会特别决议通过的事项，公司议案涉及这些内容，需要可在该类别股东会行使表决权的股东过半数出席，出席股东所代表表决权的三分之二以上多数通过才能作出。公司章程可约定高于三分之一比例的出席要件，但规定高于三分之二的表决权要件则约定无效，该法规定为数。最后，《日本公司法典》第324条第3款规定，对于特殊决议拥有表决权的类别股东的半数以上和其代表的表决权数的三分之二以上才能作出[1]。

类别股股东如何行使表决权？《日本公司法典》采用的标准是决议事项是否对某一类别股的股东造成损害，而且立法者认为，涉及类别权益的变化和公司根本结构的变更这两类事项都可能对某一类别股的股东造成损害。由此，《日本公司法典》采取的是客观标准来审视类别股股东的表决权的范围。

《德国股份法》第179条和《法国商法典》第156条都规定了类别表决权。要求改变或损害类别股权利的普通股东会决议应经类别股东会决议的通过才能成为有效[2]。《德国股份法》还规定，在行使投票权的优先股股东中，优先股特别股东会议的决议须由四分之三及以上优先股股东的同意方能通过，禁止公司章程自主约定表决通过所需比例。而且公司章程的修改对优先股利益进行改变的，发生不利改变的类别股需要进行特别决议，特别决议需要基本资本的四分之三的复杂多数通过。特别股东会议或者优先股东会议的召开程序与股东大会的程序相同，董事或者十分之一的优先股股东也可请求召集[3]。《法国商法典》第156条第2款规定，"股东大会作出修改某一种类股份权利的决定，只有经该种类股份的股东专门会议同意后，始

---

[1] 左海峰："我国优先股表决权机制研究"，安徽大学2017年硕士学位论文。

[2] 关于类别股东会的决议对象，《德国股份法》第179条第3款规定："如果将目前多种股票之间的比例关系改变为对一种股票不利，那么股东大会的决议只有在取得受损害的股东同意后才有效。受损害的股东要对同意作出特别决议。"参见杜景林：《德国股份法》，卢谌译，中国政法大学出版社2000年版，第85页。转引自：刘胜军："类比表决权：类别股东保护与公司行为自由的衡平——兼评《优先股试点管理办法》第10条"，载《法学评论》2015年第1期。

[3] 胡晓静、杨代雄译：《德国商事公司法》，法律出版社2014年版，第191页。

第二章 优先股股东保护中的若干问题

为最终决定[1]"。

《美国标准公司法》在第 10.04 节 d 款中规定，尽管一些类别股没有投票权，但是当公司章程的修改波及、影响或者改变某一类别股权利的时候，某一类别股有权获得投票权，就该节 a 款中列举的 8 类事项作为一个独立的投票团体进行投票。这 8 类事项包括影响、改变或者限制某一类别股原有的权利，及创设新的优先级更高的类别股。总之，该 8 类事项都是修改公司章程可能影响或者涉及某种类别股的事项。在分类表决的程序方面，该法 10.03 节规定公司章程的修改必须由董事会通过，但是当某一类别股有权组成单独投票团体，而且法律规定公司章程的修改需要该团体投票同意时，那么此种独立投票团体的会议的召开应满足法定人数要求，一般情况下，法定人数要求为有投票权的多数同意[2]。因此，《美国标准公司法》采用的是概括式和列举式立法相结合的立法技巧，对类别表决权的行使的范围则采用的是客观标准。

而英国则是通过概括式立法和大量的判例来解决这个问题。何为"类别权变更"？英国判例法认为类别权只有在采取所声称的变更行为后，实质上不同于此前的权利，才视为变更，如果不是这样，就无需经过变更程序。英国有大量的普通法判例来解释什么情况构成"类别权变更"，直接导致类别权利法律上实质被变更容易认定，也无大的争议，例如废除类别权利、注销类别股份、减少优先股的股息等。而对于公司行为造成类别权利在商业上遭受不利影响是否能够认定为类别权利变更，则存在较大困难和争议。英国判例法认为对类别权的不利影响不全

---

[1] 金邦贵译：《法国商法典》，中国法制出版社 2000 年版，第 143 页。
[2] 沈四宝编译：《最新美国标准公司法》，法律出版社 2006 年版，第 157 页。转引自：左海峰："我国优先股表决权机制研究"，安徽大学 2017 年硕士学位论文。

构成类别权的变更,并认为对类别权的影响和对权利享受(Enjoyment of Right)的影响是不同的,法律意义上的影响和商业意义上的影响是不同的,除非章程中另有规定。Greenhalgh v. Arderne Cinemas ltd 一案中,法院认为被告分拆其持有的10先令面值股份为5个2先令面值股份,不构成对原告原持有的2先令面值股份类别权的变更,虽然10先令面值股份分拆的结果改变了两类股份的投票比例,使原告公司中地位发生了变化,导致其商业上的受到了影响。但是法官更加注重被"变更"权利本身在法律的含义,而不在乎行使权利的结果是否在商业上受到"影响",因为毕竟原告享有的一股一个表决权在法律上没有被变更[1]。

3. 对我国优先股表决权范围的评析

我国立法存在的诸多问题中最主要的问题是对于优先股表决权范围的界定不准确,可能导致优先股类别表决权的行使对公司行为自由和公司的效率造成不利影响。

对优先股表决权作出范围上的界定,其背后的立法本意是为了保护优先股股东的利益不受普通股股东行为的侵害。由于普通股股东对公司具有控制权,其所作出的决议当然会倾向于自身的利益,但从另一个角度看,公司作出经营和管理上的重大决议,也是为了实现公司的效率和公司的发展。公司应当具有决策上的自由,才能够促成公司的效率。

公司追求效率可谓天经地义。效率至上的观念不仅仅存在于公司制度的生成当中,也存在于公司经营的全部过程,并实际体现为对股东价值最大化的追求。对于公司股东来说,其加入到公司当中的目的就是为了实现自身的获利,公司全部活动

---

[1] 刘胜军:"类比表决权:类别股东保护与公司行为自由的衡平——兼评《优先股试点管理办法》第10条",载《法学评论》2015年第1期。

的展开也是为了这一目标。在公司中，股东是最终的风险承担者并享有公司的剩余权利，而公司经营状况的好坏则直接关系到股东的利益期待会在多大程度上得到实现，这就会使股东有着极大的动因利用手中的权利使公司的经营为了自己的目标而努力。可以说，股东的利益期待塑造着公司经营的目标，也围绕着股东价值最大化这一中心展开各项富有效率的各项商业活动。"公司的营利性是公司组织的本质特征，而公司营利行为的最终目标在于使作为投资者的股东获利[1]。"效率之外，兼顾股东的平等也是公司法所追求的价值目标，优先股表决权的规制即是体现。本书将要讨论的一个核心问题是，公司决议和公司行为导致优先股的权利遭受不利影响和导致优先股的权利被迫变更并不是同一个概念，那么哪一个标准应当被适用为启动优先股表决权的条件？我们仔细梳理一下《管理办法》的规定不难发现，修改公司章程中与优先股相关的内容是很有可能造成优先股的权利被变更的；一次或累计减少公司注册资本超过百分之十、公司合并、分立、解散或变更公司形式、发行优先股则很难确定是否会导致优先股权利的变更，但是有可能导致优先股的权利遭受不利影响。我们知道，投资者无论作为大股东还是小股东，无论是普通股股东还是优先股股东，在作出投资的时候，既应当享受投资的收益，也应当承担其投资的风险。公司股东的权利在公司行为和公司决策时受到不利影响是公司经营中无可回避的问题。公司为了公司的利益作出重大决策，同时公司的利益不完全等同于股东的利益，因此，本书认为，股东承担相应的不利影响是投资的应有之义。如果公司的决策

---

[1] 李彤：《近代中国公司法中股东权制度研究——以法律和社会的互动为中心》，法律出版社 2010 年版，第 26 页。转引自：田尧："股东平等原则：本体及其实现"，吉林大学 2013 年博士学位论文。

仅仅对优先股可能造成不利影响，则不应当成为启动其类别表决权的条件，因为普通股股东也完全可能会受到不利影响，而只有当公司的决策可能对优先股的优先权造成损害时，方可启动其类别表决权，因为其优先权是以让渡了其表决权为代价的。

三、优先股股东表决权恢复问题

（一）法律的规定及立法的原意

《管理办法》规定了公司累计3个会计年度或连续2个会计年度未按约定支付优先股股息的，优先股股东即可享有公司章程规定的表决权。在公司连续一定期限不按照约定向优先股股东分配股息时，此时，优先股股东将恢复到与普通股股东同样的身份，类推适用普通股股东的权利和义务，甚至可以参与公司经营决策，与普通股股东一同在股东大会上参加投票，公司法理论上将其称为优先股"表决权恢复制度"[1]。优先股表决权的恢复是有期限的，即《管理办法》第11条第2款所规定的"对于股息可累积到下一会计年度的优先股，表决权恢复直至公司全额支付所欠股息。对于股息不可累积的优先股，表决权恢复直至公司全额支付当年股息。公司章程可规定优先股表决权恢复的其他情形"。

由此可见，触发优先股股东表决权恢复的唯一的条件就是公司没有向优先股股东按照约定分红且满足一定的期限。这一规定的立法原意也许在于驱动上市公司按期分红。我国上市公司不分红的问题由来已久，但是如果上市公司一贯如此并且对优先股股东也不分派股利，那么可能面临优先股表决权的恢复的后果，一旦其表决权恢复，普通股股东的表决权就会在很大

---

〔1〕 艾茜："优先股表决权与公司自治的法律困境研究"，载《乐山师范学院学报》2016年第5期。

程度上被稀释而丧失对公司的控制权。立法者将优先股股东表决权恢复的条件设定得如此狭窄是由我国上市公司的股权结构所决定的。我国上市公司的股权结构最典型的特点是国有股一股独大，如果立法者拓宽优先股表决权恢复的条件，那么优先股就拥有更多的机会去对公司的事项进行表决进而掌握公司的控制权，这是立法者所不愿看到的。

（二）我国现行优先股表决权恢复制度的问题及评析

第一，《管理办法》第 11 条规定，"每股优先股股份享有公司章程规定的一定比例的表决权"，法律将表决权转换比例交由公司章程规定。但问题在于，如果转换比例是由公司章程来确定的，是不变量，那么依照何种标准来计算优先股表决权恢复后的表决权额呢？

以康美药业股份有限公司非公开发行优先股募集说明书（2014 年 12 月）为例，以"优先股发行方的董事会决议日前二十个交易日股票交易均价为模拟转股价格"，显然这对于优先股股东是不公平的，因为它忽略了普通股股票价格的市场波动性。根据现有的表决权恢复比例的计算公式，转换比例是固定的，如假设模拟转股价格是唯一变量，在表决权恢复时，若普通股股票的价格大幅下降，优先股股东可以获得更多的表决权；若普通股股票价格大幅上涨，优先股股东获得的表决权会减少；在转换比例固定的情况下，股票价格上涨将会损害普通股股东的权益，股票价格下跌将会损害优先股股东的权益[1]。

因此，应将股票的市场波动因素考虑在内，模拟转股价格应体现转换时的市场公允价值而非公布发行预案时的市场价值。从澳大利亚商业银行的优先股发行方案看，其在转股价格方面

---

[1] 王萍：“优先股表决权恢复制度之功能局限及克服”，华东政法大学 2016 年硕士学位论文。

的设计将股票价格的市场波动因素考虑在内,转换基价一般为转股日前5个交易日普通股的加权平均价,再给予1%~2.5%的折扣[1]。

  第二,优先股表决权恢复的触发条件过于单一,没有考虑到优先股存在累积优先股和非累积优先股之别。依照《管理办法》规定,公司累计3个会计年度或连续2个会计年度未按约定支付优先股股息的,优先股股东即可享有公司章程规定的表决权。对于股息不可累积的优先股,表决权恢复直至公司全额支付当年股息。但是,对于股息不可累积的优先股来说,仅仅获得公司全额支付当年股息是存在较大损失的,因此《管理办法》是否应当针对优先股进行类型化的区分,对累积优先股和非累积优先股表决权的恢复应当进行区别对待。《德国股份法》规定了一年的时间条件,下一年应补付前一年拖欠的优先款,被拖欠的优先款被支付之前,恢复的表决权一直存在[2]。日本的公司法法典化之前,在其第242条中规定,无人向定期大会提交享受优先分配的议案时,自该大会开会之日起,到优先分配的决议通过时止,此段期间公司发行的无表决权数种股份的表决权恢复。当优先分配议案被否决时,数种股份的表决权自定期大会结束,至形成或者通过优先分配议案时表决权恢复[3]。美国《标准公司法》中,以契约自由和非禁止即合法为原则,在相当程度上采取"无契约状态下的替补法规形式",允许公司就恢复性表决权行使的条件以制定和修改章程规定公司形式予

---

  [1] 王萍:"优先股表决权恢复制度之功能局限及克服",华东政法大学2016年硕士学位论文。
  [2] 胡晓静、杨代雄译:《德国商事公司法》,法律出版社2014年版,第191页。
  [3] 付黎旭、吴民译:《日本国商法》,法律出版社2000年版,第79页。

以确定[1]。

　　优先股表决权恢复制度的本意在于赋予优先股股东以事后的权利救济手段，但这一救济方式具有迟滞性。当迟滞分红事实已经发生后，再行表决权恢复之措施，优先股股东的损失已是既成事实，即便日后发行方将优先股未获得派息的部分补足，优先股也是存在损失的，也存在公司和普通股股东侵害优先股股东利益的情况。对于可累积优先股来说，未被派息的这部分股利可能被公司和普通股股东用于公司的再投资收益、资产增值等事项，这些收益最终将归于公司，而非用来弥补优先股股东因迟延支付遭受的损失。对于非累积优先股来说，情况更为严重，鉴于前文已有阐述，此处不赘。

　　第三，公司股东大会可授权公司董事会按公司章程的约定向优先股支付股息。我国《管理办法》中表决权恢复条款透露出两个信息：一是公司董事会有权决定是否向优先股股东支付股息；二是当条件成就时，优先股股东仅仅能够恢复表决权，但是能否掌握公司的控制权，则没有任何法律的依据。

　　事实上，在优先股表决权恢复的问题上，股权结构和资本多数决原则制约着优先股股东从表决权的恢复中获得因未能按约定分红而造成的损失。首先，如前所述，优先股的发行比例不得超过公司普通股股份总数的50%，即便恢复了表决权，优先股的表决权所占比例也无法对公司的决议造成重大影响；其次，优先股的股东投资的目的在于获取收益，这是优先股与债券相似之处，恢复其表决权对优先股来说并没有太大的吸引力。在公司中进行表决并不是优先股投资的初衷；再次，优先股恢复表决权后，也并不能实现其分配红利的初衷，因为公司股东

---

[1] 王凯：“论恢复性表决权的行使”，天津商业大学2015年硕士学位论文。

大会将此项权限授权给公司的董事会，而董事会的人选是由对公司拥有控制权的普通股股东来决定的。

因此，若要优先股股东的分红的初衷得到实现，其优先分红权得到保护，立法是否可以寻求优先股表决权恢复的其他替代性的条件。如果公司有利润而不分红时，累积优先股的股息被公司占用了数年，期间所产生的利息等部分，按照现行法律的规定，公司是有权利不予支付而仅仅支付累积股息的，那么累积股息所产生的这些成本只能由优先股股东来承担，这显然是有失公平的。因为在很多学者看来，未分配的累积股息具有债权的性质，而非期待权，事实上，即使经过数年的累积公司才决定分红的话，首先要将这些累积的股息分配给优先股股东，然后才能在普通股股东之间分配利润。因此，这一部分累积的股息是优先股股东固定的、确定能够获得的收益，而非期待权利。

美国曾有一个案例对此进行了论证。A 公司于 1939 年成立，普通股与优先股并存，且优先股合同条款规定在向普通股股东分配股息前，应先分配固定的累积的优先股股息；优先股股息固定，为 $4/年。公司在 1941 年之前未分配过股息，并决定于 1941 年向普通股股东分配股息，则公司需首先向优先股股东支付 1941 年、1940 年、1939 年的优先股股息，共计 $12，无论这三年公司是否有盈余。John 认为上述优先股股息属于应付股息（Accrued dividends），$12 的应付股息可以阻止公司向普通股支付股息；但若公司没有应付股息存在，1942 年的优先股股息就不能阻碍公司向普通股股东支付 1941 年的股息。因此，应付股息区别于未来股息，它是优先股股东享有的现有的、具有即时效力的权利，可以对抗普通股股息分配权。累积性股息请求权不再是期待权,而是一项固定的、现有的权利[1]。因此,对累积性优先股的股利计息就没有什么理论障碍。

(三) 优先股表决权恢复的改善及其他替代性的条件

1. 累积性股利应计息

从财产权特征上看,优先股是一种同时呈现出债权和股权的某些特征的混合型证券[2],优先股的固定股息与债权的固定利息类似,同时其优先利益与债权一样都优先于普通股分配。我国法律允许采用优先股固定股息,并且在公司有利可分的情况下,"本应向优先股股东分配股息,如果公司决定不分配,实际上就形成了对股东的借款"[3]。当公司有可分配利润而不予分配时,是对优先股可累积股息的占用,累积性股息构成了公司从优先股股东处获得的借款,因此,应当予以计息。

2. 非累积优先股的强制分红制度

至于非累积优先股,应当区分公司有利润可分和无利润可分两种情形。当公司无利润可分时,不应当要求公司强制分红,当公司有利润可分而不分配时,非累积优先股股东的利益就遭到了损害,因为往年的股息不累积,优先股股东对于这些股息只能望而兴叹、无能为力。因此,当公司有利润可分而不分配时,是否可以考虑在立法上授权公司章程,由公司章程规定,当公司的可分配的年利润达到一定数额时,公司必须先支付给优先股股东以当年股息,然后再决定是否给普通股股东分红。

3. 优先股股东恢复表决权后可获得一定的董事席位

法律可以授权公司章程,由公司章程约定,如果满足表决

---

[1] 王萍:"优先股表决权恢复制度之功能局限及克服",华东政法大学 2016 年硕士学位论文。

[2] 巧青松:"优先股的市场实践与制度建构",载《证券市场导报》2014 年第 3 期。

[3] 王东光:《类别股份制度研究》,法律出版社 2015 年版,第 26 页。

权恢复的条件，则优先股股东可以在董事会中获得一定的席位，甚至获得公司的控制权。优先股之所以和普通股股东之间存在利益冲突，根本的原因在于普通股股东掌握公司的控制权。优先股的表决权恢复并没有能够使得他们获得公司的话语权，其优先分红的初衷仍然得不到满足。因此，如果能够使优先股在恢复表决权后在董事会中占有一定席位，对其权利的维护是一个较好的方式。但是，即便优先股获得一定的董事席位，甚至在股权分散的公司中获得公司的控制权，也应当作出符合公司整体利益的决策，而不是一味地偏袒优先股股东的利益并损害普通股股东的利益。并不是全部公司控制都受到法律保护，只有符合公司整体利益的公司控制才受到法律保护。这就要求控制人在进行控制时，必须承担追求公司整体利益的义务，即承担诚信义务和勤勉义务[1]。美国有一个经典案例对此作了注脚。在 Baron v. Allied Artists Pictures Corp. 一案中，原告为 Baron，被告为 Allied Artists Pictures Corp.，原告是被告的普通股股东。公司同时存在优先股和普通股，且公司章程规定，当公司6季度不分配优先股股利时，优先股股东有权选举董事会的多数董事。后公司因经营亏损出现上述情形，优先股股东通过选举董事会多数，对董事会形成了控制权。在公司经营状况好转后，优先股股东控制的董事会并未作出分红决议，继续控制董事会。为此普通股股东提起诉讼，主张公司有可分配利润时，董事会应作出分配股利的决议，并将公司的控制权交还普通股股东，他们认为董事会之所以不分配利润是为了优先股股东继续控制董事会。法院并不赞同原告的观点，法院认为优先股股东控制下的董事会与普通股股东控制下的董事会义务相同，

---

[1] 钟瑞庆："论公司控制权概念的法理基础"，载《社会科学》2010年第6期。

均应依据公司的经营状况,依据商业判断原则决定是否分红。法院认为,公司不分红的决策是否恰当,依据商业判断原则来判断,不能要求董事会强制分红[1]。

(四) 国外关于优先股表决权恢复的法律规定

《日本商法典》第242条第1款规定,如果公司决议不优先分配利益予优先股股东,则优先股股东的表决权复活,公司有义务召集优先股股东参加该次股东大会,并使其参与表决[2]。日本商法典允许公司通过章程设定无表决权的优先股,但当公司未按照约定优先支付无表决权优先股股息时,优先股恢复表决权直至股息全部付清时止。在此情况下,优先股的表决权与普通股的表决权没有差别。日本的表决权复活被学者称为"即时复活"。日本的洲崎博士认为,股东大会首先审议的议案依惯例应是关于利益分配的方案,如果将利益处分议案推后处理,决议的方法就不公正;而且如果在股东大会召开前董事会就已经确定公司没有可分配利益时,不让优先股股东参加股东大会行使表决权,就会成为不公正的议事程序,可以成为撤销事由[3]。

《德国公司法》规定,只要在两个年度内有股息没有付清,优先股股东的表决权将告恢复[4]。

《法国商事公司法》规定,当优先股股东在3个会计年度没有获得或者没有完全获得股息分配,那么其表决权将告恢复。在

---

[1] Baron v. Allied Artists Pictures Corp. 337A. 2d 653. 转引自:王萍:"优先股表决权恢复制度之功能局限及克服",华东政法大学2016年硕士学位论文。

[2] 龚博:"优先股法律制度的合理性基础和构建思路",载《证券法苑》2013年第9期。

[3] 徐剑:"优先股法律问题研究",载《法制与社会》2008年第2期。

[4] 雄永炬:"商业银行优先股法律问题研究",湖南师范大学2015年硕士学位论文。

优先股股东的股息未得到全额分配前，表决权将一直存在[1]。

韩国新《商法》废除原第370条关于不分配股利下的表决权恢复的规定，取而代之的是新《商法》第344条之3规定："公司发行无表决权种类股份或者限制表决权的种类股份时，章程中可以规定表决权不得行使、限制行使或者附条件行使的情形[2]。"

美国则没有以法律形式确立表决权恢复制度，但"NYSE（纽约证券交易所）上市规定也禁止了没有规定表决权恢复条件的优先股的上市"[3]。

第四节　优先股股东的优先分红权的保护

一、优先股股东的优先分红权所面临的侵害

优先股股东的优先分红权可能造成对于公司和普通股股东的侵害。如何判断优先股股东的优先分红权受到了侵害？主要的标准在于公司的可分配利润被留存是出于什么原因和目的。

公司的可分配利润可以留存，但是，不应为了某类股东的利益，除非符合商业判断规则。这主要体现在非累积优先股股东的身上。非累积优先股股东根据公司章程的规定不享有股息累积的权利。优先股股东通常没有表决权，因而不掌握公司的控制权，公司的董事会被普通股股东所掌控。因此，当公司的

---

[1] 梁胜、易琦："境外优先股法律制度比较研究"，载《证券法苑》2013年第1期。

[2] 董新义："韩国新商法中的种类股制度及借鉴"，载《证券市场导报》2014年4月号。

[3] 李海燕："建立我国类别股制度的构思"，吉林大学2014年博士学位论文。

可分配利润被留存,不向非累积优先股股东支付,而是被转化为公司的公积,随后,公积最终又会落入次级股票持有者的手中。非累积优先股股东是否有权向法院提起诉讼要求分配这些可分配的利润?

(一)从普通股股东的利益出发

美国曾有一个经典的案例对这一种情况进行了深入的分析。Wabash 铁路公司曾经发行了非累积优先股,若干年后这类股票的未付股息达到了 1600 万美元左右。如果董事们同意宣布股息的话,公司每年都有足够的利润来支付这些股息。但董事们并没有这样做,而是将股息转化为公积。最后,在某一年为非累积股票支付股息以后,他们开始向普通股宣布股息。一位优先股东提起诉讼要求法院禁止公司的这一行为,巡回上诉法院授予了禁令,而最高法院却将其推翻。由此看来,法院认为,公司对于是否分配股息拥有着自治权。但是,就如何最终处理由此产生的公积而言,仍然存在着疑问。美国最高法院和一些法学家均认为:在非累积股息被不合理留存的情况下,优先股股东可提起诉讼以强制公司向其宣布股息;将某类股票的股息留存以使次级股票受益的企图,其本身就是可表明不合理性的证据[1]。也就是说,如果公司可分配利润的留存仅仅是为了普通股股东的利益,这是不合理的,这有违公平原则。普通股股东无权通过对董事会和公司的掌控来剥夺优先股股东的利益。因此,优先股股东可以据此提起诉讼,而诉讼的详细的程序和条件等内容,将在后文详述。

(二)从公司的整体利益出发

如果为了公司的整体利益和发展,普通股股东作出决议或

---

[1] [美]阿道夫·A. 伯利,加德纳·C. 米恩斯:《现代公司与私有财产》,甘华鸣、罗锐韧、蔡如海译,商务印书馆 2007 年版,第 269~270 页。

者由普通股股东所控制的董事会作出决议留存公司的可分配利润,也就是说,在特定的商业情形中,如果可分配利润被公司留存下来,最终是有利于公司的长远利益的,那么这种利益可以被公平地分配给各类股东,这种做法是被法律和法院所认可的。

在 Guttmann v. Illinois Central Railroad Co. 案[1](1951年)中,本案原告 Guttmann 持有本案被告伊利诺伊中央铁路公司发行的非累积优先股股份,被告在1937年至1948年长达11年的时间内,在每年均有足够的净收入去分配优先股红利的前提下,从未向原告分配过优先股红利。原告起诉请求判决被告的董事会在11年期间决议不分红的行为不适当。满腔愤懑的本案原告作为被告公司非累积优先股的持有人的诉讼请求看似应该得到支持,但本案的初审法院以及上诉审法院均未支持其主张。法院的判决理由认为,非累积优先股作为一种特殊类型股份,其分配与否由其董事会自行决定。只要董事会未宣布股利分红,那么这一年份的优先股未得股利都不再累积,与公司本年度是否存有剩余净利润无关。而本案原告应该对其选择购入非累积优先股的善意选择行为负责。也就是说,如果公司董事会作出不分红的决议并非为了某类股东(在我国,是指普通股股东)的利益,而是根据公司的发展和特定的商业情形所作出的,那么法院对此没有权力干涉,而是应当充分尊重公司管理层的经营判断。

(三) 出于任何的个人动机的利润留存是应当被追究责任的

优先股与普通股股东之间的利益冲突还体现在公司留存本应当支付给优先股股东的股息。根据我国《管理办法》的规定,

---

[1] 李莘:《美国公司融资法案例选评》,对外经济贸易大学出版社2006年版,第108~113页。

董事会经过股东大会的授权,享有支付股息与否的权力,而法律对于董事会支付与否的决定没有任何的限制。但法院会在诸多情况下介入并干涉。

[案例1]:在家族公司中,因家族公司中的父亲为惩戒公司的其他股东而留存股息,其他股东因此提起诉讼。初审法院判决认为,该公司财务状况良好,其董事会拒绝支付股息的行为是不合理的、随意的。公司董事会作为上诉人提起上诉,在面对原告股东(被上诉人)提供的"公司手头有大量现金储备"的证据面前,上诉人辩称不支付股息的决定是董事会酌情作出的,法院无权干涉。但上诉法院没有采纳上诉人的意见,法院认为,在没有恶意或不合理的行为的情况下,董事会拒绝宣布股息的决定不应受到法院的干涉。但是,由于公司的组织和运作主要是为了股东的利益,故此,法院关于董事会在缺乏正当理由而拒绝的情况下应从并从未使用的利润中支付股息的判决是正确的。证据最终表明公司的储备金额远远超过了10%的股息数量。因此,公司能够在不损害其财务状况的情况下完全支付股息。因此,董事会拒绝申报和支付股息是不合理和任意的。上诉法院支持了初审法院的判决[1]。

[案例2]:在初审阶段,原告作为买方购买了多家公司中的其中一家的股票并担任公司总裁,直到另一家公司也邀请其担任公司总裁。原告诉称,被告(某些公司和自然人)拒绝分配股息,尽管公司有着超过股本存量的利润累积;并且被告拒绝其查阅公司的会计账簿。法院认为,证据显示,原告所购买的股票所在的公司的确没有分配股息,留存股息的目的在于欺诈购买者,使得公司股价下跌,从而使得自己的亲属能够以低

---

[1] Channon v. H. Channon Co., 218.

价入股。法院判决,当留存股息的目的是为了压低股票市价,从而使经营者或其朋友能够以较低价格在股市上购买这种股票时(一种被通俗地称之为"冻结(freezing out)"的程序),这种行为应当被制止[1]。

[**案例3**]:原告诉称,被告公司的董事行使决定权,将公司资本收益的一部分用于在投资,并拒绝向原告支付一定预期内的股息;被告公司拒绝分配股息,一部分原因是为了再去进行投资并降低购买汽车的最终成本,是半人道主义的,并且没有得到公司章程的授权。初审法院认为,被告公司有权自行决定再投资剩余资本收益,但不支持被告要求原告支付这些股息的额外的利息的诉讼请求。上诉法院推翻了该决定,并认为公司有如此大量盈余的积累而专断地拒绝向股东分配股息,被告公司应当向原告支付股息并支付相应的利息[2]。

二、优先股的优先分红权可能损害普通股尤其是中小普通股股东的利益

在股利分配中,作为弱势一方,优先股的利益容易被普通股股东和由普通股股东所控制的公司剥夺,这是显而易见的。但是,另一方面,由于优先股在公司利润分配中的优先性和稳定性,尤其是可累积优先股,可能会给公司造成较大的财务负担,最终损害在公司经营中承担更大风险的普通股股东利益。例如,天目药业自1993年8月上市至今,累计发行1890万股优先股(占总股本的15.52%)。依据发行时的约定,优先股股东每年享有7.65%的可累积优先分红权。2005年度,优先股分红占公司当年净利润的近四成,使普通股股东可分配的利润大

---

[1] Anderson v. W. J. Dyer & Bro., 94 Minn. 30.
[2] Dodge v. Ford Motor Co., 204 Mich. 459.

为减少[1]。

我国《公司法》和《管理办法》并没有禁止公司的普通股股东同时持有公司的优先股。因此,在公司发行股息率较高的可累积优先股时,公司的控股股东和其他大股东可以抢占先机,大量购买此类优先股,或者暗中指示与自己有关联关系的市场主体或自己的控股公司大量购买,随后,利用优先股的优先股分红权,在公司中作出有利于优先股股东的决议,通过所谓"合法合理"的手段攫取公司的利益,但是,其他中小股东的利益却遭受了重大的损失而投诉无门。由此,优先股沦为大股东和控股股东瓜分公司利益的工具。

三、优先股在优先分红权上的完善——强制分红制度的引入

持有非强制分配股利优先股的股东的红利获取权的实现,具有一种极端的不确定性。这种不确定性是由优先股股东与普通股股东之间就利益分配在本质上的无法调和性造成的,且这种利益冲突无法避免。在这种背景之下由普通股股东掌控的董事会为了实现自身利益,即使在公司盈利充沛的情况下,也极有可能作出拒绝分配红利股息的决策。当非强制利润分配暗含的"公司不一定必须进行利润分配"常态化的时候,这将侵蚀投资者对中国优先股权市场的信心。

《管理办法》第 6 条第 2 款规定:"同一公司既发行强制分红优先股,又发行不含强制分红条款优先股的,不属于发行在股息分配上具有不同优先顺序的优先股。"第 68 条第 1 款规定了强制分红的含义:"公司在有可分配税后利润的情况下必须向优先股股东分配股息。"

---

[1] 钟颖:"优先股股东与普通股股东的利益冲突与平衡",载《南方金融》2016 年第 8 期。

因此，我国立法承认了优先股的强制分红制度。但还存在几个疑问待解决。

（一）公司有可分配利润时必须向优先股股东分配利润

原因在于，有学者认为，优先股不同于普通股股东，尤其是在决定公司是否分红的问题上，优先股股东明显处于劣势地位。但是，这样一来，强制分红就真的成为立法上的一个制度，而不是发行方与优先股投资者之间的自由选择。分红权在本质上属于公司的自治权，立法和司法能够在多大程度上干预公司的自治权？本书认为，公司是否分红属于公司的治理问题，由公司决策机关决定，因此现行法律将是否强制分红授权给公司，是一种适度干预的表现。但是，鉴于优先股股东所处的劣势地位，其分红权的保护仍然是非常有必要通过诉讼的方式来进行的。

（二）优先股股东有权就分红而提起诉讼

具体说来，就分红提起诉讼的条件和程序我国的《公司法》和《管理办法》并没有作出制度上的回应。本书将探讨这种可能性。

1. 诉讼需要满足的条件

第一种类型的诉讼需要满足的条件，即有强制分红条款的优先股的诉讼条件：优先股股东提起诉讼的依据是公司章程或者投资协议所规定的分红条款。无论公司所作出的不分红的决议是否为了满足普通股股东或为了满足某项个人动机或目的。第二种类型的诉讼需要满足的条件，即没有强制分红条款的优先股的诉讼条件：第一，公司应当有可分配的税后利润；第二，公司作出不给予优先股股东分红的决议；第三，决议损害了优先股股东的利益并且是为了满足普通股股东的利益或者是为了满足某项个人动机或目的；第四，损害优先股股东的分红权与满足普通股股东的利益或满足某项个人动机、目的之间存在因果关系。

2. 强制分红诉讼的被告

在第一种类型的诉讼中,被告应当为公司。在第二种类型的诉讼中,被告可以为股东和由股东所选举的董事,因为根据《公司法》的规定,分红与否的决议最终由股东大会作出,而股东大会的意志就是公司的意志;另外,依照《管理办法》的规定,优先股的分红决议可以授权给公司的董事会。因此,当公司将优先股的分红决议授权给公司的董事会之后,董事会成员也可以成为诉讼的适格被告,因为股东、董事作出的决议体现了其个人意志,他们在公司决议过程中起着决定性作用,且公司大股东和董事对小股东有信义义务,因此他们应当对自己的行为负责。美国等经济发达国家一直把董事的信义义务沿用到控股股东身上[1]。

3. 举证责任

本书认为,应当根据不同的诉讼类型区别对待。在第一种类型的诉讼中,应当采取"谁主张,谁举证"的原则。优先股股东的保护问题并非是一味地倾向于优先股股东,而是在普通股股东、优先股股东与公司利益之间寻求一种平衡。拥有强制分红条款的优先股股东,应当依照合同条款的规定来进行诉讼。在第二种类型的诉讼中,采用"举证倒置"的方式为宜,因为优先股股东没有公司的控制权,也无权在公司的股东会或董事会中进行表决,再加之《管理办法》和《公司法》也没有对优先股的知情权作出详细的规定,因此,优先股股东在获取真实有效的股东大会和董事会的决议方面是缺乏保障的,所以,此

---

[1] 邓可人:"权利平衡视角下利润分配优先权之保护",载《吉林工商学院学报》2015年第3期。

处应采"举证倒置"的方式。

第五节 商业银行中优先股的保护问题

商业银行尤其适合发行优先股来进行融资。一方面，从优先股投资者角度来说，由于它们追求比投资普通股更低的风险，比投资债券更高的收益率，所以就要求优先股发行公司必须是经营业绩稳定、现金流量好的企业。另一方面，从优先股发行公司角度来说，通常只有资金需求量大并且对权益资本有硬约束的公司才更有动力去发行优先股。符合上述条件的公司并不多，其中大多是金融机构。2013年上半年，美国有68%的优先股由金融机构发行。按照这一标准，我国目前适合发行优先股的公司主要是一些大盘蓝筹公司[1]。

一、商业银行发行优先股的意义

目前，我国商业银行发行优先股的重要意义首先在于提高资本充足率、降低破产的可能性以及完善银行资本结构。在雷曼兄弟破产两周年之际，国际清算银行巴塞尔银行业务条例和监督委员会常设委员会———巴塞尔委员会于2010年12月16日发布了新的银行监管标准，即《巴塞尔协议Ⅲ》。修改后的巴塞尔协议吸取了此次危机的教训，大幅提高了对于一级资本充足率的要求，将原来4%的下限提高到6%，同时在其他方面新增设了监管条款。自《巴塞尔协议Ⅲ》发布后的2011年初至2013年底，全球很多银行发行了优先股，其中美国发行最多，其次为澳大利亚。美国发行优先股的金融机构形式多样，包括

---

[1] 全先银："优先股与商业银行改革"，载《商业银行》2014年第2期。

美国合众银行、纽约梅隆银行、花旗银行和富国银行等商业银行；摩根大通银行和高盛集团等投资银行集团；还有 PNC 金融服务集团和国民城市公司等综合性金融集团。澳大利亚目前发行过优先股的机构主要包括：四家全国性银行，即澳新银行、澳洲联邦银行、澳大利亚国家银行和西太平洋银行；两家地区性银行，包括本迪戈银行和昆士兰银行；以及两家综合性金融集团，包括新确集团和麦格理集团。两国的金融机构都倾向于多次发行优先股，并被监管方面认定为合格的其他一级资本。不同的是，美国属于《巴塞尔协议Ⅲ》认可的法律式国家，其优先股没有损失吸收条款，并在会计上认定为权益；澳大利亚的银行优先股均以契约方式设置了强制转股型损失吸收条款，并在会计上认定为负债。在发行方面，美国普遍采用存托股的双层发行模式，而澳大利亚银行优先股由于具有税收优惠而吸引了大量的零售投资者[1]。

中国监管机构根据中国银行业的实际情况，于 2012 年发布的《商业银行资本管理办法（试行）》规定：系统性重要银行在 2013 年一级资本充足率要达到 7.5%，以后每年增长 0.4%，直至 2018 年达到 9.5%；非系统重要性银行在 2013 年一级资本充足率也要求达到 6.5%，以后每年增长 0.4%，直至 2018 年达到 8.5%[2]。因此，商业银行通过发行优先股补充了一级资本，缓解了信贷增长带给银行的资本补充压力。

其次，降低破产可能性。Emanuel（1983）认为从普通股东的角度看，优先股的核心特征在于其支付股息的责任具有弹性。

---

[1] 许多、黄佳："商业银行发行优先股的历程和基本问题"，载《农村金融研究》2014 年第 12 期。

[2] 樊纲、丁楹："优先股在金融危机中的应用及其启示"，载《北京航空航天大学学报（社会科学版）》2015 年第 3 期。

Titman（1984）认为优先股由于不会像债券那样导致破产，而可以消除股东在不良环境中进行清算的动机，因此成为较优选的证券[1]。

再次，商业银行发行优先股，可以改善商业银行的资本结构。我国商业银行的资本结构过于单一，主要由普通股和债券组成，商业银行优先股的发行可以拓宽其融资渠道并降低商业银行的负债率。

二、我国商业银行中的优先股面临的风险

通过梳理商业银行的优先股的设计条款，我们发现，现行法律规定完全不利于优先股股东。

在试点初期，《管理办法》规定了上市公司发行优先股必须满足以下3个条件之一："（一）普通股为上证50指数成分股；（二）以公开发行优先股作为支付手段收购或吸收合并其他上市公司；（三）以减少注册资本为目的回购普通股的，可以公开发行优先股作为支付手段，或者在回购方案实施完毕后，可公开发行不超过回购减资总额的优先股。"商业银行补充一级资本发行优先股则需要满足第一个条件，也即上证50指数成分股。符合条件的共有10家银行，即中国工商银行、中国农业银行、交通银行、浦发银行、招商银行、兴业银行、光大银行、华夏银行、中国民生银行、北京银行[2]。本书将我国商业银行发行优先股的条款设计汇总于下图表格[3]中：

---

[1] 许多、黄佳："商业银行发行优先股的历程和基本问题"，载《农村金融研究》2014年第12期。

[2] 樊纲、丁楹："优先股在金融危机中的应用及其启示"，载《北京航空航天大学学报（社会科学版）》2015年第3期。

[3] 巨潮资讯网，http://www.cninfo.com.cn，2015年4月1日访问。表格转引自：何家良："优先股股东权保护研究"，华东政法大学2015年硕士学位论文。

公司名称	可参加优先股	可累积优先股	可回售优先股	可回赎优先股	可转换优先股	备注情况
浦发银行	无	无	无	有	强制	已完成
平安银行	无	无	无	有	强制	预案
工商银行	无	无	无	有	强制	获批
兴业银行	无	无	无	有	强制	已完成
农业银行	无	无	无	有	强制	已完成
中国银行	无	无	无	有	强制	已完成
民生银行	无	无	无	有	强制	预案
宁波银行	无	无	无	有	强制	预案
光大银行	无	无	无	有	强制	预案
交通银行	无	无	无	有	强制	预案
建设银行	无	无	无	有	强制	预案

综上，我国商业银行优先股的发行条款大体相似，主要表现为非可参加、非可累计、非可回售、可回赎、强制转换优先股。这种条款设计对于优先股股东是不利的。为何商业银行发行的优先股均为强制转换为普通股的优先股和不可回售优先股？因为中国银监会、中国证监会联合发布的《关于商业银行发行优先股补充一级资本的指导意见》规定，商业银行只能发行强制转为普通股的优先股，不得发行可回售优先股。优先股股东由此丧失了主动退出的渠道。那么，优先股股东被捆绑在商业银行中的投资是否可以如愿得到收益上的回报呢？显然不容易。《管理办法》规定，商业银行作为优先股发行人在赎回优先股时可以不支付其欠付的股息；同时可免于法律对其他上市公司强制性规定的设置强制分红及必须累积股利的条款；商业银行有

权发行在条件实现的情况下强制转为普通股的优先股。根据上述案例，中国银行、工商银行、平安银行发行的优先股采取的规定是，有条件赎回发生时其价格主要是票面金额和当期还未支付股息之和，但是不包含累计股息。浦发银行规定优先股赎回价格是票面金额，不包含对投资者风险补偿的溢价机制，这样对投资者的利益有一定的损害。浦发银行对于赎回价格的设计只考虑了自身的利益，保证企业在日后利率上升时能够保障资金安全，如果利率持续下跌，那么浦发银行会选择赎回优先股还不用支付所欠股息，进而选择其他融资成本较低的融资方式[1]。由此可见，商业银行发行的优先股既无法主动退出，也无法获得强制性分红，甚至对于被欠付的股息也无权获得。这种对商业银行的利益的过度倾斜和保护，是出于对提高商业银行资本充足率和加强其抗风险能力的考量。

三、降低商业银行优先股股东受侵害的风险的建议

（一）立法上的改进

虽然在立法上原则性地要求商业银行在发行优先股的过程中应充分保障优先股股东的利益，但由于商业银行与优先股股东的实力不对等，实践当中的优先股极有可能演变成为商业银行敛财的工具，从而在事实上造成对优先股股东的利益的损害。首先，应当完善优先股股东的退出机制。立法者应当考虑为商业银行优先股的退出增加更多的畅通的渠道。允许商业银行发行可回售的优先股，赋予优先股股东主动要求退出的权利。在可回赎条款中，当回赎条件成就时，应当合理确定优先股的回赎价格，可参考国外商业银行的做法，在确定优先股赎回价格

---

[1] 王润超：" 商业银行优先股融资研究——以国有及股份制银行多案例研究"，新疆财经大学 2017 年硕士学位论文。

的时候通常采用票面金额加上一定的溢价,以弥补投资收益的不确定性风险。另外,当累积的股息尚未支付时,应当首先由发行优先股的商业银行支付这一部分股息及银行同期存款利息后,再予以回购。

(二) 确立合理的优先股会计及税务处理规则

国际会计准则中规定,应依据公司的合同安排来判断一项金融工具相对于公司来说是负债还是权益,而不能仅仅通过法律形式加以考察。根据中国《企业会计准则第37号——金融工具列报》对于金融工具权益及负债属性的确定标准,优先股兼具股性和债性的双重性质,特别是对于银行优先股,其含有的可取消、可赎回等条款进一步模糊了工具属性。目前,中国财政部、国税总局均未对银行优先股发行、股息支付、赎回等事项的会计及税务处理予以明确规定。因此,建议以《企业会计准则》为基础,研究确定优先股的会计与税务处理规则:一是明确优先股的权益工具性质,确认其所有者权益类别;二是设置"股本-优先股"等会计科目,参照普通股会计处理方式,对银行优先股的发行、股息支付及赎回等事项予以确认;三是明确优先股股息在发行人税后支付,允许居民/企业优先股股息收入免税以及个人投资者优先股股息收入减半征税[1]。

第六节 优先股股东与普通股股东的利益冲突的原因

一、优先股自身的特有属性是两者利益冲突的基本原因

如前所示,优先股兼具股权和债权双重属性,满足不同的

---

[1] 杨海平:"当前中国商业银行发行优先股问题研究",载《商业银行》2014年第2期。

融资偏好，也满足了投资者的不同偏好。

优先股具有债权的属性。优先股的"优先性"之一体现在盈余利润分配的序位上，当公司有盈余时，按照《公司法》以及《商业银行法》的利润分配顺序的规定，优先股股东优先于普通股股东分配利润。而且通常情况下，优先股的股息是固定的；"优先性"的另一方面体现在剩余财产索取权序位上，当公司发生破产，优先股股东的剩余财产索取权劣后于债权人但优先于普通股股东[1]。这两点"优先性"使得优先股有了债权的性质，但优先股却不具有债权资本对公司的重要作用之一——税盾作用。债务融资相较于股权融资而言，税收收益是其的最重要基本利益之一。优先股既有股权属性，又有债权属性，因此其让渡了表决权，而获得了优先分红权和剩余财产的优先分配权。

在公司运营得比较好的情况之下，企业创造充足的现金流，优先股享有优先分红权，优先股的回报率较高，一旦给优先股股东分红，普通股股东的分红收益就要受到影响，因此，掌握着公司控制权的普通股股东不愿意作出分红决议或者延迟分红。当公司运营发生困难时，公司首先考虑的是自身的维持和发展，会将公司的盈余转化成公积或者投入公司的运营，而不是分配优先股的股息。除了优先分红权，优先股还享有剩余财产优先分配权，这两项权利不会因公司的盈利增加而有所变化，所以，优先股无法从公司中享受到发展红利。并且，在公司进行破产清算时，优先股的清算顺位仅仅优先于普通股，劣后于普通债权。因此，即便拥有债权属性，但优先股在破产清算程序中不具有优势。基于这个原因，优先股股东最希望获得的是在公司

---

[1] 赖衍禹："优先股：债权？"，载《金融市场研究》2016年第11期。

运营情况良好时的利润。但是，矛盾在于，优先股股东希望获取固定的股息，而普通股股东则更希望将盈余转换成公积来加快公司的发展。在优先股的优先分红权得不到满足并符合一定条件时，因此，由于优先股这些特有的属性，使得优先股具有不愿意冒险的风险偏好，而普通股股东则不然，所以，两者之间必然出现基于基本属性的不同而出现的投资风险偏好的不同，矛盾也就始终存在了。

二、基于优先股和普通股的信息不对称问题而产生的委托—代理问题

在某种相互对应的经济人关系中，对应的双方在信息和知识上存在一定的差距，也就是一方拥有另一方不拥有的信息，这种现象就是信息不对称（asymmetric information）。市场信息不对称可以从不对称发生的时间角度进行区分：发生在当事人签约之前的不对称称为事前不对称，发生在签约之后的不对称为事后不对称。信息不对称导致的一个不利后果是道德风险。道德风险是指信息优势在实现自身利益最大化的同时，损害信息劣势方利益的行为。由于人的机会主义动机，个人有实现自身效用最大化的愿望，再加上信息不对称形成的隐蔽行动和隐蔽信息使另一方无法进行限制，道德风险就会出现[1]。

优先股发行之前和优先股发行之后所表现出来的信息不对称各有特点。普通股股东是信息优势方，优先股股东是信息劣势方。在发行优先股之时，由非上市公众公司非公开发行的优先股，持股人必然要承担由于信息不对称而导致的道德风险，除非持股人是公司现有的股东或者管理层，但这又是为一般法

---

[1] 闻德锋："论信息不对称的经济法规制"，载《河南师范大学学报（哲学社会科学版）》2004年第4期。

律所明令禁止的。为了降低这种道德风险的发生，保障优先股股东的合法权益，在实践中往往通过优先股持有人与公司之间的优先股合同约定的方式来解决。在优先股发行之后，上市公司在有可分配盈利的情况下必须对优先股进行股利分配。条文的立法目的是为了保障优先股股东权益，但在公司经营实践当中，公司的管理层和大股东却极容易基于公司信息不对称的问题而发生道德风险，他们通过对公司日常的经营活动的控制或者通过进行关联交易的方式能够轻松实现对公司的盈利的控制，使得公司在该会计年度中的盈利极少，甚至不存在可分配盈利，进而使优先股股东优先获得股利的权益无法得到实现[1]。

---

〔1〕 赵莹莹："我国优先股股东权益保护研究"，兰州大学 2017 年硕士学位论文。

第三章
优先股股东保护之理论与实践

第一节 国外法律规范对优先股股东的保护

优先股制度最早起源于英美两国，后盛行于各国资本市场。历经多年的适用与改革，国外资本市场的优先股制度已经比较完备和成熟，学界的研究成果也较为丰富，而我国优先股制度刚刚建立，加之优先股制度在深化企业股份制改革、优化企业财务结构、提供灵活多样的融投资工具等方面的优越性，以及对深化我国金融体制改革，支持实体经济发展的重要作用，我国亟待建立和完善系统的优先股制度[1]。

本章通过梳理英美法系国家和大陆法系国家的优先股制度历史发展以及立法现状，旨在更全面地了解优先股的发展历程，这对促进我国优先股发展，建立起具有中国特色的优先股制度有着十分重要的作用。

---

[1] 梁赟琦："我国优先股股东表决权制度研究"，中国石油大学 2016 年硕士学位论文。

一、英美法系优先股法律制度

(一) 美国优先股法律制度

1. 美国优先股制度的历史发展

美国的优先股实践最早起源于18世纪80年代的铁路、航运发展时期[1]。1836年,马克里州政府通过2家铁路以及3家运河公司认购股票,该州政府要求企业以每年6%的股利率优先发放偿还本息,这成为美国优先股制度在实践中的萌芽[2]。此后优先股在美国范围内逐渐从铁路等公共行业普及到其他公共行业,成为经济危机时投资股票的首选。在这一时期,优先股的功能主要是解决融资的困难,类别较为单一,它与普通股相比的区别主要是经济权利的优先性,因此在这一时期优先股被视为在制度上比普通股更加优越,政府因而对优先股的发行适用特许制度,以防止公司过度发行优先股损害普通股股东的权利。

19世纪70年代,在通讯和公路等基础设施建设的带动下,全国性市场开始形成,并带动了制造类企业。但是当时的资本市场上占据主导地位的仍然是大型公共项目所发行的普通股和债券,而投资者对于这些高风险且回报不确定的投资机会并不看重,在此情况下新兴制造类企业开始着力发行优先股(被称为工业优先股)[3]。其后,其他工业企业也逐渐重视优先股融

---

[1] 薛亢:"论中美比较法视野下的我国优先股规则构速及相关法理反思",南京大学2012年硕士学位论文。

[2] 张答瑜:"特别股制度问题之探讨法律与会计之交错",台北大学2008年硕士学位论文。转引自:佘士宽:"中国优先股制度研究",华南理工大学2014年硕士学位论文。

[3] See George Heberton Evans, "The Early History of Preferred Stock in the United States", 19 *The American Economic Review*, 43, 45~47 (1929),转引自:王会敏:"优先股股东权利保护法律制度研究",山东大学2017年博士学位论文。

资的作用,工业优先股开始大行其道。由于其股息率高于当时的政府债券和大型基础设施建设项目所发行的债券利率,因而获得了投资者的青睐。随着大型公用事业单位以及工业企业对优先股投资的广泛运用,优先股发行变得越来越普遍,美国各州开始立法放弃专门授权,改为设定发行条件,满足条件要求的企业即可发行优先股。并且此时优先股与普通股的区别也逐渐清晰,尤其在表决权方面,越来越多的企业开始发行无表决权的优先股,同时可转换优先股也日益盛行[1]。经过这两大调整,优先股的权利日趋明确和完善。

2. 美国优先股发展的立法实践

受公司契约理论的影响,美国提倡公司法的任意性品格及授权性色彩。此外,根据美国联邦宪法的规定,美国公司立法权由各州持有,各州均有各自独立的公司法,而现实中各州为了吸引公司到本州设立,竞相放宽政府对公司的管制,纷纷向管制底线靠近,仅规定投资契约的标准,由此形成了放松管制的公司法哲学,即尽量减少国家对公司的干预,重视具有任意法性质的公司章程的作用,给予公司充分的自治权。关于优先股的法律规范的内容主要包括以下几个方面:

(1) 优先股的设立和发行。美国统一州法全国委员会(NCCUSL)制定的《标准商事公司法》[2]依据契约自由原则设计了优先股制度,在第九章"股份与分配"第6.02条规定了优先股的设立方式,即公司章程可以授权董事会发行优先股[3]。在"授权的股票"一节规定:"公司章程必须规定授权公司发行

---

[1] 王会敏:"优先股股东权利保护法律制度研究",山东大学2017年博士学位论文。
[2] 沈四宝:《最新美国标准公司法》,法律出版社2006年版,第277页。
[3] 梁赟琦:"我国优先股股东表决权制度研究",中国石油大学(华东)2016年硕士学位论文。

的股票的类别、同一类别中股票的系列（以及每一类别和每一系列股票的数量）。如果公司被授权发行一种以上类别或者系列的股票，公司章程必须对每一类别或者系列规定不同的名称，在发行一个类别或者系列的股票前必须对该类别或者系列股票的条件做出相应规定，包括优先性权利、权利和限制。除非在本节允许的可变范围内，某一类别或者某一系列的所有股票必须与该类别或者系列的其他股票具有相同的规定，包括优先性权利和限制。"[1]

另外，在美国特拉华州《公司法》（DCL）中，有关公司股份设置的规定为："每个公司都可以发行一种或多种类别的股票……，每一类别股票的任何或全部数量都可以拥有完整投票权、受限投票权或无投票权，以及公司注册证书或其修正案，或董事会依据注册证书明确授权而做出的股票发行方案决议中规定的权利、优先性权利、参与权、选择权或其他特殊权利、资质或限制条件等。"[2]

（2）优先股股东表决权制度。《标准商事公司法》对优先股股东表决权的相关规定，主要集中在第九章第 6.01 条（c）款和第十章"公司章程与内部制度的修改"第 10.04 条。其中，第 6.01 条（c）款采取非穷尽的列举式的立法方式对优先股拥有的特殊权利进行了规定，并对除法律另行规定的，优先股股东享有的特殊的、附条件的或者受限制的表决权作出了规定。第 10.04 条则规定了优先股股东在特殊情况下，有权以独立投票团体的身份参与公司章程修改，即此时优先股股东享有表决权。《标准商事公司法》除了上述关于优先股设立方式、股东权利、表决权作出规定外，并没有对优先股制度的其他方面作出

---

[1] 沈四宝：《最新美国标准公司法》，法律出版社 2006 年版，第 277 页。
[2] Delaware Corporate Law Section 151 (a).

具体规定，而是赋予了公司极大的空间，即公司管理层在优先股特殊权利和限制方面有较大自由[1]。

特拉华州《公司法》采取授权式立法，赋予了公司很大的自治权，体现了自由主义的精神。第五节"股份与股息"第151条规定，优先股是公司自主发行的种类股，公司章程或者由公司章程授权董事会设置在表决权、优先权等特殊权利方面享有不同标准的优先股，即在表决权上可以设置完全表决权、限制表决权和无表决权的优先股[2]。第八节"章程大纲的修订；资本与资本股的变更"第242条规定了包括优先股在内的种类股享有特别表决权：在公司以修正案的决议对优先股发行总数、票面价值、优先权等进行修改的，对该类优先股造成不利影响的，不论公司章程有无授权表决权，则该类优先股股东就此修正案享有表决权；如果上述修正案仅对该类优先股的特定股东造成不利影响，而非对全部该类优先股股东造成不利影响的，则只有受影响的优先股股东享有表决权；如果上述修正案只是增减优先股数量，且该项权利已经在公司章程或者创设优先股的修正案中予以确认，则无需经过受影响股东投票而直接进行变更[3]。此外，特拉华州《公司法》将公司章程作为创设优先股的唯一依据，并且赋予公司章程极大自治权，管理层可以依据章程或者修正案直接变更优先股的部分权利，也可以根据市场的变化，对优先股做出实质性变更。

（3）优先股股东保护规则。优先股的创设源于对权利平衡的需求，普通股股东与优先股股东各自让渡其权利内容中的某

---

[1] 沈四宝：《最新美国标准公司法》，法律出版社2006年版，第251页。
[2] 徐文彬：《特拉华州普通公司法》，中国法制出版社2010年版，第50页。
[3] 徐文彬：《特拉华州普通公司法》，中国法制出版社2010年版，第109页。

些部分，以便获取在其他方面的优先性权利。在重新组合与磨合过程中，需要进行调节以保持不同类别股东间权利的平衡，这一动态过程恰好促进了公司治理机制的不断完善。但是不论如何调整，优先股首先是建立在股权的基础之上，是对普通股权利内容进行重新组合与让渡并强化优先性权利部分而创设的[1]。讨论优先股股东权利的前提在于承认其股权性质，继而，根据公司合同理论，公司法以公共产品的形式提供普遍适用的基本条款，是交易中最普遍且最通常会达成的协议条款，公司自治原则允许对这些条款进行变更。设置优先股股东权利的合同，就是在对公司法通常条款中规定的权利进行变更的情况下列出那些已变更的条款，但是并不需要将所有涉及优先股股东权利的条款全部在协议中重新书写。因此，优先股股东的权利来源应包含优先股合同与公司法两个部分。

在美国优先股法律制度中，优先股股东处于一个极易受损害的地位，甚至公司可以利用一部分公司法的规定，规避优先股股东拥有的投票权，取消优先股的优先权和累积红利[2]。因此当优先股与普通股股东利益发生竞合时，美国司法判例认为董事会作为受信人，并不是对某一类股东负责，而是对公司和所有股东负有信义义务，因此当优先股股东与普通股股东利益发生冲突时，应该根据商业判断原则确定此种干预是否合理；当优先股仅限于就自己所享有的优先权而主张权利时，法院将依照优先股的投资合同进行评判。

---

[1] See Samuel Levine, "Rights of Holders of Preferred Stock to Dividents in Conjunction with Distribution of Surplus to Common Stockholders", *12St. John's Law Review*, 113 (1937), 108.

[2] 丛山："借鉴国外经验发展中国优先股制度的现实意义"，复旦大学2011年硕士学位论文。

3. 美国优先股制度评述

从优先股制度的历史发展以及司法现状来看，美国优先股制度基本上都采取的是以公司章程为准的授权式立法模式，在美国的发展过程中，司法判例同样确立了许多优先股制度的法律规则，这些判例与成文法一起共同组成了美国优先股制度的法律体系。对比全美最具代表性的两部公司法律制度，在优先股制度设置方面，特拉华州《公司法》与《标准商事公司法》并未呈现出明显分化，反而是共性居多——授权式立法，注重董事会的主导作用，强调优先股权利设置的合同性等。由此可见，美国相关公司法已不再为优先股设置标签，而更加注重股份设置的灵活性，强调公司章程的授权性，授权公司依据现实需求设置具有不同权利内容的股票类别和系列，打破概念或称谓上的局限，提供权利配置的必要张力，促进投融资需求的结合[1]。与灵活性及授权性相呼应的，是两项法律中对优先股制度的信息披露强制要求及对权利变动情况下优先股股东权利保护的强制性规定。信息强制披露要求主要体现在同一类别及系列的股票必须在公司章程中明确规定名称及权利内容，且同一类别及系列内的股票的权利内容须相同，以章程作为法定信息披露载体，满足投资人的查阅需求及知情权[2]。

（二）英国优先股法律制度

1. 英国优先股制度的历史发展

英国是最早开始优先股实践的国家。在19世纪20年代~30年代，西方国家开始大规模修建基础设施，包括铁路、港口、

---

[1] 朱慈蕴、沈朝晖："类别股与中国公司法的演进"，载《中国社会科学》2013年第9期。

[2] 王会敏："优先股股东权利保护法律制度研究"，山东大学2017年博士学位论文。

运河等。此类基础设施需要巨额资金，而项目的发起人希望在融入资金的同时，保持对项目的控制。为满足如此巨大的资金需求同时保留发起人的控制权，一种新的权利平衡设计成果——优先股就出现了。1825年，英国修建了世界上第一条铁路，铁路建设随即兴起。但是英国的一些铁路公司因缺乏资金，工程中途停顿。原有股东无力再投资，发行普通股无法吸引新的投资者参与，对外举债又恐将来不能偿付本金与利息，且囿于政府对债权融资比例的限制，于是铁路公司发明了优先股这一融资工具。

1829年，英国议会批准从Edinburgh到Dalkeith的铁路建设，发行年息5%、非累积但可进一步参与剩余利润分配的优先股，这就是英国历史上第一只优先股[1]。此后，英国优先股制度获得了进一步发展，1829年~1850年，经英国议会批准而由公司发行的铁路优先股有100多只。但此时期优先股的优先性主要体现在优先分红权，其余特征与普通股还很相似。其后，随着优先股制度被越来越多地应用，其特征逐渐清晰起来。

2. 优先股制度的内容

1948年版的英国公司法中开始正式引入类别股制度，此后历次公司法对该制度均有规定，但是最为完整全面的制度设计，则是在英国《2006年公司法》中完成。关于优先股的内容，主要设置在《2006年公司法》第17部分第九章"股份种类和类别权"中[2]。其中对于优先股的规定，与美国类似，同样未做

---

[1] See LotenzoSasso, "Corporate Govemartce and the Role of Hybrid Financial Instruments in the UK and US", *Corporate Finance and the Capital Market Law Review*, 2011. 转引自：曹立：《权利的平衡：优先股与公司制度创新》，中国财政经济出版社2014年版，第62页。

[2] 葛伟军译：《英国〈2006年公司法〉》，法律出版社2008年版，第391页。

普通股与优先股的划分,而是以权利内容为基础划分不同类别的股份。第 629 条规定了同股同权原则和种类股的例外情况,第 630 条和第 631 条对优先股权利内容和发行条件作了规定,第 633 条和第 634 条则对优先股股东表决权制度作出了规定,即优先股股东对优先股权利变更存有异议时享有表决的权利。

(1) 优先股的权利内容。

根据英国的成文法和判例法,其优先股制度的主要内容是优先股股东享有始终优先于普通股股东而获得确定的红利的权利。根据 Webb v. Earle 一案,如果公司章程没有规定股息红利是否累积的话,则法律推定红利的分配是累积的。尽管如此,只有当公司宣布分红时才能产生分红的权利,而对于公司未宣布支付的累积红利欠款在公司清算时则是不能予以确认的。如果公司章程细则规定了未宣布支付的红利也应该予以支付,则其应在支付公司债务以后从公司的剩余财产中进行支付。从 1985 年英国修改其公司法后,公司被要求必须要有备忘录和公司章程这两份文件,其载明了公司的所有基本信息。如果公司没有在备忘录或者公司章程中设定不同类别股份之间的优先权,则根据 Andrew v. Gas Meter Co.[1]一案中确立的规则,公司可以通过一个特别决议修改公司章程,从而授权董事会在增加资本时发行优先股。此外在优先股权利的相关判例中,法院一般对公司章程或者备忘录没有创设或者没有明确规定的优先权利不予以承认,即如果没有明确规定某项优先权利,则所有股东都应被平等对待,但一旦做出某项优先权利的规定,则必须严格执行[2]。

---

〔1〕 Andrew v. Gas Meter Co. (1897) 1Ch 361 (CA).
〔2〕 丁胤竹:"优先股制度的本土化问题研究——以公司治理中的利益平衡为视角",华东政法大学 2015 年硕士学位论文。

（2）优先股股东保护规则。

①公司减资时对优先股股东的保护。对优先股股东的保护体现在公司减资时，享有在公司清算时优先返还出资的权利的股票必须先于普通股票支付。这使得享有优先权的股东将受到公司选择性减资的影响，并且，只要该股东在减资时享有其在公司清算时所同样享有的权利，那么其等级权利就不会发生变化，其也无权对减资方案提出反抗。优先支付的风险是"不同等级股东之间的协议的一部分，同时也是组成优先股的权利集合体中构成其性质及所受限制不可分割的一部分"[1]。但是在Northern Engineering Industries plc一案中，公司章程细则规定依附于股票的权利应该被认为是可以通过"减少已经由股份缴足的资本"而改变。公司通过支付优先股并将其予以注销的方式减少其资本。上述法院遵循了上议院的判决，拒绝批准公司的减资计划，理由是该计划在未征得股东的同意情况下改变了股东的等级权利。

②优先股的类别表决权。英国公司法对类别股东表决程序的规定主要包括以下几点：第一，类别股股东大会与普通股股东大会分别召开两次会议，而不是同时召开；第二，在一般情况下，类别股东大会召开要求的法定出席人数为，持有正在被讨论的已经发行的价值三分之一以上的类别股持有人至少两位；第三，对于类别股东大会中有权进行投票的股东的范围限制为出席会议并持有正在被讨论的类别股的任何人；第四，根据是否有明确的变更程序规定类别股东大会的表决条件，即有明确的变更程序的按程序进行变更，反之则需要达到至少四分之三类别成员的同意[2]。

---

[1] House of Faser plc v. ACGE Inv. Ltd. 10R. A. 78, 249B. 2d 89.

[2] 葛伟军译：《英国〈2006年公司法〉》，法律出版社2008年版，第391页。

英美优先股法律制度延续了英美法系公司法中的授权性色彩，同时借助于判例法制度，通过判例的不断发展确立对优先股制度的系统性规定，这样就减轻了成文法中进行大量强制性条款规制的负担。最典型的特征是在英国判例法中所形成的强大的默示推定规则：如果章程没有明确约定类别股的分红是否累积，则推定为累积分红；如果章程中对于分红、资本返还或投票权没有明确约定，则不能推定为具有此类优先性权利，而应视为所有股东的权利平等[1]。

二、大陆法系优先股法律制度

（一）法国优先股法律制度

1. 法国优先股制度概述

法国经济社会环境与美国存在差异，企业传统融资方式以银行为主，资本市场尤其是证券市场不够发达，而且也不存在美国特有的州际间公司法竞争等问题，与美国授权型公司法的模式不同，法国的优先股相关条款以强行型的立法模式规定在《法国商事公司法》中[2]。法国优先股制度彰显了大陆法系典型的法定式立法模式，从实体到程序，对该制度进行了具体明确的规定，对优先股优先性权利的设置设定了许多限制性条件，限缩了投融资双方进行合同协商的空间。有关优先股制度的规定集中体现在第二卷第二编的"各种商事公司的特别规定"的第八章"可发行股票的公司发行的有价证券"部分[3]。其中对优先股的类型规定限定为有表决权与无表决权优先股两类，

---

[1] 王会敏："优先股股东权利保护法律制度研究"，山东大学2017年博士学位论文。

[2] 叶陶治："中国发展优先股制度研究"，上海交通大学2008年硕士学位论文。

[3] 金邦贵译：《法国商法典》，中国法制出版社2000年版，第202~208页。

并授权公司章程对优先股的权利作出具体的规定。强制性规定主要体现在优先股的发行比例、优先股发行的决定权（特别股东大会）、优先股转换及回赎权行使过程中债权人的保护、优先股股东的表决权及回购制度等股东利益的保护等方面。

2. 法国优先股制度的内容

（1）优先股的发行。根据《法国商事公司法》的规定，无表决权的优先股可以转换为普通股，第269-1条规定，优先股的发行可以通过增加注册资本直接发行也可以通过转换已经发行的普通股的间接方式设立，发行之前应当通过优先股股东大会或者由优先股股东大会授权的董事会或者其他部门进行审议并通过，如果是在公司初始设立时就创设优先股，则应当遵循第225-10条的规定，即优先股的持有者不得参与发起人大会对此事项进行的表决[1]。

为了防止少数普通股股东集中表决权和控制权侵害优先股股东的权益，《法国商事公司法》对公司优先股的发行做出了严格限制：首先是发行数量上的限制，为了促进风险投资的发展，同时又考虑到优先股股东利益的保护，在2004年对商法典相关条款进行修改的时候，对于不同主体发布了不同的标准，第269-1条规定，上市公司发行的优先股的数量不得超过公司资本总额的25%，而非上市公司发行的优先股则不得超过公司资本总额的50%，超过这个数量限制的发行都应该撤销；其次是持有人身份上的限制：根据第269-6条规定，"股份有限公司的高层，包括董事长、董事、总经理、经理和监事，以及股份两合公司的经理、未分居的配偶以及他们未解除监护的未成年

---

[1] 丁胤竹："优先股制度的本土化问题研究——以公司治理中的利益平衡为视角"，华东政法大学2015年硕士学位论文。

子女"〔1〕都不可以以直接或者间接的方式持有公司的优先股股份。

（2）优先股的赎回。《法国商事公司法》第 269-8 条规定可以赋予公司章程自行设计是否赎回优先股的权利，并且赎回以章程的事先约定为前提，赎回时公司不可以存在拖欠优先股本会计年度股息以及累积股息的情况，赎回程序一般按照公司减资的程序进行〔2〕。赎回的价格在赎回当日的价格基础上由优先股股东大会和公司达成协议来确定，如果协商不成，先由双方共同决定的第三方评估机构进行评估，如果对评估结果仍然达不成一致，则由法院作出裁决指定评估机构进行评估，该评估具有绝对的效力。此外，《法国商事公司法》还对优先股回购制度作了具体规定。无表决权优先股在发行之前，公司章程已经存在关于优先股回购条款时，公司可以对优先股进行强制回购，但必须满足以下两个条件：公司已经足额支付或者补交拖欠的全部股息，回购价格是在特别股东大会上与公司协商确定的价格。

（3）优先股股东表决权制度。首先，根据《法国商事公司法》的规定，公司章程可以对优先股是否有表决权进行规定，即将优先股的具体权利更多地授权公司章程进行规定。同时，无表决权优先股在特定情况下有权恢复表决权：如果公司在 3 个会计年度内没有足额支付股息，则优先股股东按其持有的优先股在公司资本中所占比例享有表决权。其次是特别股东大会制度。为保护优先股股东的权利，《法国商事公司法》规定持有

---

〔1〕 梁胜、易琦："境外优先股法律制度比较研究"，载《证券法苑》2013 年第 1 期。

〔2〕 丛山："借鉴国外经验发展中国优先股制度的现实意义"，复旦大学 2011 年硕士学位论文。

特别股票的股东组成特别股东大会,只要涉及某类特别股股东权利变更的事项时,就必须通过特别股东大会的审议才能通过。同时,根据《法国商事公司法》第 269-4 条规定,无表决权的优先股股东可以在符合法定条件的情况下,召集特别股东大会,并且有权出席特别股东大会。特别股东大会在召开普通大会前,向普通大会提交意见,并且记录在会议记录中[1]。

(二) 德国优先股法律制度

1. 德国优先股制度概述

德国优先股制度的设立始于 1839 年修建柏林—波茨坦铁路时,当时铁路公司采用优先股作为融资的方式。第一次世界大战后,为避免外国资本的控制,纳粹时期对私营企业改制时以及 60 年代改造家族企业中出现过使用优先股的高峰[2]。《德国股份公司法》中第四部分"股份公司的组织法"第四章"股东大会"第六节"没有表决权的优先股票"对优先股制度进行了具体详细的规定。另外,在其他章节还有几条有关优先股的零星规定。

2. 德国优先股法律制度的内容

(1) 优先股的发行。德国的股份公司在同等条件下必须同等对待所有的股东,但是当法律或公司章程对股东的权利或义务作出不同规定时,公司可以区别对待不同的股东,包括公司可以发行没有表决权的优先股。但存在一定的限制,《德国公司法》规定,如果公司要发行没有表决权的优先股股票,则必须得到至少 3/4 以上股东的同意。同时还规定,在公司章程中可以规定发行优先股时需要获得的股东同意的百分比,但是公司

---

[1] 罗洁珍译:《法国公司法典》,中国法制出版社 2007 年版,第 245 页。
[2] John R Graham, "Tax and Corporate Finance: A Review", *The review of Financial Studies*, Vol, 16No. 4. 1086.

章程中规定的百分比不得低于 3/4 的底线。并且如果公司要发行无表决权的优先股,还需要同时满足两个条件:第一,公司管理层必须有股东大会的授权,或者有公司章程的授权;第二,如果公司已经发行过优先股,并且将要发行的优先股比之前的优先股具有相同或者优先的权利时,则还需要经过原优先股股东至少 3/4 多数同意[1]。

(2) 优先股表决权的限制和表决权的恢复。《德国公司法》原则上不允许设立不带表决权的股票,其规定每一份股票都应享有表决权。但是作为例外,《德国公司法》允许优先股票可以作为没有表决权的股票发行。但是,其并没有规定所有优先股票必须是无表决权优先股,同时在第 140 条第 2 款规定,如果公司在一年内没有支付或者没有完全支付优先款项,并且在下一年度不能补交上一年度的拖欠款项,那么优先股东在补交之前有表决权[2]。第 141 条第 4 款规定,一旦无表决权的优先股的优先权被取消,则此无表决权优先股转换为有表决权的股票[3]。

(3) 法律在优先股股东保护与保护的限度之间寻求平衡。

①类别表决权制度。根据《德国公司法》第 139 条,公司被允许发行享有优先分配股利的优先股,并且第 140 条(1)规定无表决权的优先股股东享有除表决权以外的普通股股东享有的其他各项权利。并且《德国公司法》为了维护优先股股东的利益,在第 141 条特别规定,如果公司要施行或者发布一项有

---

[1] 卞耀武主编:《德国股份公司法》,贾红梅、郑冲译,法律出版社 1999 年版,第 257 页。

[2] 杜景林、卢谌译:《德国股份法》,中国政法大学出版社 2000 年版,第 71~72 页。

[3] 卞耀武主编:《德国股份公司法》,贾红梅、郑冲译,法律出版社 1999 年版,第 23 页。

关废止或者限制优先权的决议,那么此决议必须要事先获得3/4以上的优先股股东同意后才可施行[1]。

②非累积优先股的推定。《德国公司法》对优先股是否为可累积优先股有特别规定。第104条第3款规定,如果章程没有其它规定,那么在一年内没有支付或者没有完全支付优先股股利时,便不得以后来的有关盈利分配决议为条件要求得到拖欠的优先分红,即如果公司章程没有明确优先股是否为累积优先股,则公司法规定其为非累积优先股,除非在章程中明确规定此优先股为累积优先股。

(三) 日本优先股法律制度

1. 日本优先股制度概述

日本于明治时代参考德国公司法制定了公司法律制度,公司法最初是在德国法的影响下制定的,并于1911年和1938年两次修改。当时虽然间接受到了美国法的影响,但是整个体系还是属于德国法类型。第二次世界大战之后,日本公司法的修改受到了美国法的深刻影响,从而对以大陆法系为基础的公司法体系进行了重大的改革,公司法的修改更加符合现代化的发展方向,开始逐渐吸收美国法律制度。日本公司法并没有像法、德公司法那样将优先股的权利、发行的程序规定得具体、详细,而是更加侧重于美国的授权式立法,赋予公司章程更大的权力。不过,[2]2005年最新的公司法典虽然受美国公司法的影响非常大,但是公司治理结构中的监督等机制依然继承了日本公司法律制度的传统,形成了强制性色彩浓厚的日本公司法律制度。

---

[1] 卞耀武主编:《德国股份公司法》,贾红梅、郑冲译,法律出版社1999年版,第256页。

[2] 丛山:"借鉴国外经验发展中国优先股制度的现实意义",复旦大学2011年硕士学位论文。

2. 日本优先股制度的立法史

1990年以前，由于公众公司滥用优先股而损害公众投资者利益的行为，日本商法对类别股，包括优先股的规定较为严格。1899年日本第一部商法典限定仅允许公司在发行新股时方可设置优先股，且仅承认有表决权的优先股。后来，1938年，日本商法中引入无表决权优先股，同时允许设置转换股——承认转换权。1950年，又引入偿还股，允许设置公司回赎权，并建立了表决权恢复机制。至1990年，始授予公司章程更多自治权，可由章程决定优先股分配额上限，并规定优先股发行额度可达到公司股本总额的1/3。但是日本作为典型的大陆法系国家，传统融资活动以银行为中心，企业股权融资市场并不发达，此时运用优先股融资的实际情况很少。20世纪末，日本经济泡沫崩溃，通过传统的银行渠道进行融资出现困难，许多企业发展陷入困境。在此情况下，风险投资、股权投资等方式逐渐兴起，证券市场获得发展并日益完善，类别股市场需求也随之扩大。

2001年~2002年开始，日本旧《商法》经历3次修改，引入表决权限制股份、附强制转换条件股份等种类股，使种类股份多样化[1]。在2002年5月29日最终完成了战后50多年来规模最大的商法、公司法修改工作。该阶段对种类股制度的改革力度很大，在原来的基础上对各种种类股的规定进行了强化和细化，原来仅仅允许发行表决权缺失的优先股，而且数量也不得超过股本总数的1/3，新公司法则规定优先股的表决权内容可以由公司自己决定，也就是说承认了无表决权普通股以及限

---

[1] 为了促进公司的并购和重组、激活持续低迷的经济，日本于1997年至1998年间简化了公司并购的程序允许公司取得自己股份，1999年创设了股份交换和股份转移制度，2000年增设了公司分立制度，在世纪交替的2001年、2002又进行了自1950年以来，战后50多年规模最大的商法、公司法修改工作，2002年5月29日最终完成了修法工作。

制表决权优先股存在的可能性,发行数量上面也从原来的 1/3 扩大到 1/2,同时对优先股的转换、赎回以及特别股股东对董事的提名权等进行了规定。这样修法的结果是赋予公司更多的自治权,优先股在公司中的配置更加具有弹性和灵活性[1]。

3. 日本优先股制度的内容

至 2005 年,《日本公司法》建立了完整的类别股体系。有关不同类别股份的制度和规定位于《日本公司法》第二编"股份有限公司"第二章"股份"中[2]。日本公司法中同样没有优先股的概念,而是将优先股、后配股、表决权股、无表决权股、转换股以及非转换股等统一描述为"种类股"[3]。因此有关优先股的规则主要依据《日本公司法》中有关不同种类的股份的规定。在有关种类股的规定中,日本公司法同样体现了较多的强制性色彩,作了较多的限制性规定。对于股份公司可以发行的种类股的类别,以及在优先股设置后需要获得类别股股东大会决议通过的事项,进行了详细的列举式规定,公司发行优先股必须在此规定的框架内实施,体现了典型的法定式及强制性色彩。

(1) 类别股组合灵活。

①《日本公司法》关于"撤销与无表决权股相关的上述规定,新增'限制表决权股'的股票形式",也就是说有表决权、限制表决权、无表决权和普通股、红利之间也可以有不同的组合,不再排斥无表决权、限制表决权的普通股的存在。其中,

---

[1] 张志坡:"优先股的立法、实践与启示",载《金陵法律评论》2012 年第 1 期。

[2] 梁胜、易琦:"境外优先股法律制度比较研究",载《证券法苑》2013 年第 8 卷,第 439 页。

[3] 丁胤竹:"优先股制度的本土化问题研究——以公司治理中的利益平衡为视角",华东政法大学 2015 年硕士学位论文。

第三章　优先股股东保护之理论与实践

无表决权股中包括"全无"表决权以及"限制"部分表决权，以前的无表决权股是指对于股东大会的全部事项均无表决权，并且仅仅针对优先分派股利的优先股排除表决权。第115条规定，当股份公司发行特别股包括优先股时，表决权限制类股即无表决权优先股和限制表决权优先股的总数超过公司股份总数的，公司必须立即采取措施，将表决权限制类股份数量控制在已发行股票总数以下。此处《日本公司法典》的规定和法国公司法的规定略有不同，法国公司法规定股份公司优先股的数量不得超过公司股份的数量，而对上市公司则要求不得超过公司的资本总额，日本则没有对上市公司做出特别规定。

②允许劣后股存在。从总体上来说，根据持有人享有的权利不同而将股份分为普通股和特别股，而其中特别股按照持股人享有权利优先级的不同分为优先股和后配股，优先股中根据投资人的需要发行累积优先股和非累积优先股、参与优先股和非参与优先股、表决权股和无表决权股。累积和非累积、参与和非参与、表决和非表决之间还可以进行不同的组合从而创设新型的优先股[1]。与德国、法国的公司法规定不同的是，《日本公司法典》还允许公司发行劣后股，即只能在满足普通股红利分配要求之后分配公司盈余。一旦发行劣后股，普通股实际上变成了优先股。在经济萧条、筹资困难，而发起人又看好公司发展前景并争取先机之利时，可以认购劣后股为筹码激发社会公众认购普通股或者优先股的热情，而已经成立的公司发行劣后股，也可以收到不损害原有股东利益的功效[2]。

（2）类别股东大会制度。《日本公司法》第321条规定，类

---

〔1〕　崔文玉：《日本公司法精要》，法律出版社2014年版，第88页。
〔2〕　吴建斌编译：《日本公司法：附经典判例》，法律出版社2017年版，第48页。

别股东大会决议的事项范围为《日本公司法》规定的事项以及公司章程规定的事项，其中《日本公司法》第 322 条第 1 款列举了需要经类别股东大会决议的事项，包括公司章程的变更、股份的合并或者分割、公司合并、分立、股份交换等 13 项可能对类别股股东利益造成损害的事项，这些事项需要在股东大会之前先由类别股东大会进行决议并通过，否则直接归为无效。与此同时，《日本公司法》也赋予了章程自主决定不需要类别股东大会决议的情况，《日本公司法》第 322 条第 2 款规定类别股份发行公司可在章程中预先制定不需要依照第 322 条第 1 款规定的由类别股东大会进行优先决议的情况。但是如果在某种类别股发行之后，发行公司如果希望通过变更章程来排除第 1 款而达到第 2 款的效果时，则需要得到已经发行的该类别股股东的全体通过。"除了第 322 条规定的条文以外，《日本公司法》的其他条文还规定了一些需要由类别股东大会同意的事项"，[1] 可见，《日本公司法》作为典型的大陆法系的法律，秉承了成文法的一贯做法，同时也汲取了英美法系的契约自由的观念，堪称中西结合的典范[2]。

三、英美法系与大陆法系优先股制度评述

英美法系国家的优先股制度与其普通法体系及授权资本制度相适应，对优先股主要采取开放态度，授权式立法模式，授权董事会对优先股权利进行设定，具有更强的适应性。但是仍然保留了对基本权利设置的立法干预通道，例如英国的强制性

---

[1] 梁胜、易琦："境外优先股法律制度比较研究"，载《证券法苑》2013 年第 8 卷，第 439 页。
[2] 吴建斌编译：《日本公司法：附经典判例》，法律出版社 2017 年版，第 51 页。

默示推定规则,以优先股股东权利保护为出发点,在默示情况下推定规则趋向对优先股股东权利保护有利的一面。此外,英美国家立法的强制性规则更多体现在优先性权利变动方面。优先性权利的初始设定可依市场行情及投融资各方的需求进行设定,对公众公司股东而言,面对发行公司提供的条款,可选择加入或离开,此时具有缔约自由。但是在权利设定后,发行公司及其管理层则获得对章程及其中涉及优先股权利的规定的主导权,很有可能进行机会主义修改,损害优先股股东甚至其他类别股东的利益。因此英美国家立法侧重对权利变动的规制,增强对优先股股东的权利保护[1]。另外,对于优先股股东的保护,美国司法部门及法学界的观点是:优先股处于公司法与合同法的断层之上,应从公司法中的信义义务和合同法的角度来维护优先股股东的利益并视情况在两种视角之下切换。本章第二节将对这两种理论视角进行详述。

大陆法系国家的优先股法律制度实行法定式立法,具有相对全面的优先股法律体系架构,对优先股的类型、权利内容、附加条件,尤其是作为优先股股东重要权利保障机制的类别股东会及表决权恢复机制进行详细细致的规定,设置了较多的强制性规则。尤其是法国和德国对优先股制度的规定较为全面和详细,其中关于制度的操作与程序运行的设计更是非常缜密,而对于优先股股东在行使表决权时的实体权利和程序性权利的规定也比较完善,通过强制性的法律规范为优先股股东权益提供制度保障,可以说法国和德国的公司法是强行法的代表[2]。

---

[1] 王会敏:"优先股股东权利保护法律制度研究",山东大学 2017 年博士学位论文。

[2] 丛山:"借鉴国外经验发展中国优先股制度的现实意义",复旦大学 2011 年硕士学位论文。

根据德国公司法对优先股股东表决权的内容的规定，可以看出，内在逻辑较严谨的德国公司法却在形式上较为松散，仅在发行公司的章程修改和资本措施中进行了简要规定，而且其主要内容是假如存在普通股和优先股等多个种类股份，而且不同的种类股份之间原有的关系会因为公司章程的修改而发生改变，在这种情况下，受到不利影响的种类股份股东则需进行特别决议。虽然德国公司法对类别表决的事项规定得比较笼统，但是我们仍可以由此规定总结出，德国对类别股东表决范围的规定也是以类别股东权益受到不利影响为核心[1]。日本更多受英美制度影响，立法上刻意保留灵活性空间，为董事会自由决策优先股发行及权利设置事项提供授权性保护，以适应公司融资环境及市场需求，便利优先股制度的实际运用[2]。

综上所述，法国和德国的优先股制度的很多规则兼具大陆法系法定式的立法模式和英美法系授权式的立法模式。日本的公司法具有融合大陆法系与英美法系于一身的特点，而其优先股制度的有关规定更是体现了这个特点。日本公司法并没有像法、德公司法那样将优先股的权利、发行的程序规定得特别具体详细，而是更加侧重于规制公司章程的权力。法国、德国和日本都是成文法国家，成文法国家的立法蕴含了建构主义的理性，强调立法的全面性、前瞻性和稳定性以及个体的有限能动性。这种理性反映在公司法的立法上则表现为规定详细、多强行性规范[3]。

---

[1] 李娟:"我国优先股类别表决法律问题研究"，山东科技大学 2017 年硕士学位论文。

[2] 吴建斌编译:《日本公司法:附经典判例》，法律出版社 2017 年版，第 25 页。

[3] 丛山:"借鉴国外经验发展中国优先股制度的现实意义"，复旦大学 2011 年硕士学位论文。

第二节　优先股股东保护的理论路径

在中西方资本市场中，优先股基本上是作为两种工具手段而出现的，一是在上市公司反恶意收购措施中，目标公司通过预埋"毒丸"的方式，运用增发优先股的方式来击退恶意收购者，二是优先股被广泛地适用于公司融资程序中，优先股的投资者与发行公司之间通过合同的方式对公司的风险分配、利润分配提出了新的挑战。实践中，企业需要融资时，会采取签订"对赌协议"的方式，企业也大多运用了优先股这一工具，由于通过合同手段打破了标准的公司利益与风险分配格局，面对"对赌协议"纠纷中的合同法与公司法问题的交叉错位，我国商事审判与仲裁也面临着疑惑和困难。在"对赌协议"第一案——海富案中，原始股东对投资者进行现金、股权补偿或者回购股权的情形，在理论以及实务上较少存在争议，基本达成了属于股东之间契约自治的共识；而被投资公司以现金补偿投资者或者回购投资者股权的情形，学界则多有不同的意见[1]。

优先股股东的保护究竟应当通过何种理论视角来实现？是契约保护的视角还是要求普通股股东及其所控制的董事会对优先股股东负担信义义务的方式？本节拟对这两个理论角度做一梳理。

一、信义义务理论

（一）信义义务适用的语境

人们普遍认为，发行优先股的上市公司或非上市公司，一

---

[1] 潘林："重新认识'合同'与'公司'——基于'对赌协议'类案的中美比较研究"，载《中外法学》2017年第1期。

般是由公司的普通股股东掌握着控制权,主要原因在于优先股股东没有表决权。但事实上,也可能存在着这样一种情况:公司的管理层间接持有的优先股的数量要大于其持有的普通股的数量,这时可以认为优先股或普通股股东中的一方控制了公司管理层,公司管理层在优先股与普通股股东权力制衡当中很有可能会涉及利益冲突,从而做出倾向性的不公平举措。

根据我国《管理办法》的规定,我国的上市公司和非上市公司发行优先股后,管理层是可能存在这种持股情况的。《管理办法》第 65 条对优先股的合格投资者进行了界定,除了满足一定条件的金融机构、企业法人、合伙企业以外,个人投资者不得包括发行人董事、高管及其配偶。但是,发行人董事、高管及其配偶可以通过他们所控制的公司、合伙企业等机构来购买本公司发行的优先股,其持股比例甚至可能超过其所持有的普通股。

依照我国《管理办法》的规定,我国优先股的适格投资者的门槛较高,持有大量资金的风险投资机构是主要的投资群体之一。在美国,风险投资机构同样是优先股的主要投资者之一。那么,风险投资机构作为投资者的优先股股东的保护是否适用信义义务理论?萨尔曼(William A. Sahlman)认为,风险投资控制创业企业最为重要的机制为分期注资[1],即以跨度较短的间隔期,对创业企业采取分期融资的方式,每期仅投入供创业企业家达至下一阶段目标的资金。风险投资一旦停止下一轮融资,可能一击摧毁创业企业家之前的所有成果,先期投入的时间、精力及金钱均将付之东流。这种"断供"的潜在威胁,使

---

[1] William A. Sahlman, "The Structure and Governance of Venture Capital Organizations", 27 J. Fin. Econ., 1990, pp. 473~506. 转引自:郭青青:"优先股东与普通股东间的信义义务取舍",载《河北法学》2015 年第 11 期。

第三章　优先股股东保护之理论与实践

得创投优先股即使在缺乏对董事会形式控制权的情况下，仍然对企业保有相当的实际控制权[1]。风险资本这种特有的投资模式，使得风投优先股不受创业普通股的控制。因此，在风险投资机构作为优先股股东投资者的情境中，不适用信义义务理论来保护优先股股东。后文将有针对性地详细阐述这一问题。

（二）针对普通股股东的信义义务

美国特拉华州商务衡平法院曾经以经典的 Orban v. Field 判例诠释了在优先股控制董事会时，董事会应当向普通股股东负有信义义务的问题。

在 Orban v. Field 案中，特拉华州商务衡平法院允许拥有公司控制权的优先股股东利用公司的资源、在有利于公司整体的最大利益的前提下进行并购，导致普通股股东被排除出去[2]。因此，Orban 认为，控制着公司的优先股股东可以使其自身利益优于普通股股东的利益，并不负有使普通股价值最大化的义务[3]。但 Orban 同时也认为，普通股股东有权举证此项并购没有考虑公司的最大利益并反对并购[4]。不同于普通股股东，优先股控制的董事会如果以牺牲普通股股东的利益为代价而作出惠及"自身利益"的决议的话，应当证明此项决议有利于公司的整体利益[5]。

因此，合理的谨慎取决于普通股股东还是优先股股东控制

---

[1] D. Gordon Smith, "Team Production in Venture Capital Investing", *Journal of Corporation Law*, Sum-mer 1999, 24 J. Corp. L. 949, 952 (1999), at323-23. 转引自：郭青青："优先股东与普通股东间的信义义务取舍"，载《河北法学》2015 年第 11 期。

[2] Orban v. Field, No. 12820, 1997 Del. Ch. LEXIS 48, at 29-32 (Del. Ch. Apr. 1, 1997).

[3] See id. at 29.

[4] Orban, 1997 Del. Ch. LEXIS, at 26 n. 23.

[5] Id. ; see also Weinberger v. UOP, Inc. , 457 A. 2d 701, 710 (Del. 1983).

着董事会。只要有合同对优先股进行事先保护，普通股股东控制的董事会是可以作出有利于自身而非利于优先股股东的决议的。同时，优先股控制的董事会可以作出仅对优先股股东有利的决议，只要这一决议是符合公司的整体利益的。

在 re Trados Inc. Shareholder Litigation 案[1]中，首席大法官 Chandler 明确指出，拥有公司控制权的优先股股东对普通股股东负有信义义务。在 re Trados Inc. Shareholder Litigation 一案中，优先股持有者是作为风险资本进入 re Trados 这个软件和服务公司的，风险资本注资的条件是公司将来可以上市。但 2000 年初，公司经历了科技泡沫，使得上市希望渺茫，后又经过四年的上市尝试，均告失败。风险资本开始想办法退出公司。根据投资协议，当公司被最终出售时，风险资本在获得公司控制权的同时，也将享有剩余财产的优先分配权，剩余财产总额达到了 5790 万美元。2004 年，优先股股东获得了公司七个董事席位中的四个席位，剩余的三个席位分别由两个 Trados 的执行官和一个外部董事获得。2004 年秋，优先股股东寻求退出公司的机会。最终，公司吸引到了 6000 万美元的并购资金。在并购协议中，管理层获得了 780 万美元的资金用于实施激励计划，其它资金将用于补偿优先股股东，而普通股股东什么都没有得到。当然，激励计划可能实施得非常好。但是，这个判例反映了优先股与普通股股东之间的冲突和矛盾。公司如果继续经营下去，那么优先股股东获得利益的可能性非常小，但是普通股股东却会因此而获益良多。并购使得优先股股东获得了 520 万美元的优先受偿权并收回了他们的投资。普通股股东则什么都没有获得，并且失去了一切获取收益的机会。

---

[1] No. 1512-CC, 2009 WL 2225958 (Del. Ch. July 24, 2009).

原告普通股股东主张，董事会违反了信义义务，完全没有考虑普通股股东的利益，并且普通股股东被迫向优先股股东让渡利益使优先股全身而退。Chandler 大法官认为，优先股股东的权利和优先权在合同中有规定。法院认为，董事会对优先股股东和普通股股东同样负有信义义务，优先股的优先权并不是与普通股对立的权利，而是与普通股同等的权利。当普通股的利益与优先股的利益发生分歧时，董事会可能会作出不恰当的决议，使得优先股股东的利益凌驾于普通股股东之上。大法官认为，原告应当举证被告董事会在作出并购的决议时，是缺乏独立性的。而在这个案例中，董事会的决议缺乏独立性是显而易见的，因为董事会中的四个席位就是由优先股股东所控制的。因此，此处应当适用的是董事的忠实义务，而不适用商业判断规则，被告即公司董事会应当承担举证责任，证明公司董事会的决议是公平的[1]。

所以，优先股股东控制的董事会对普通股股东负有信义义务。

（三）针对优先股股东的信义义务

在传统的公司法中，信义义务是针对普通股股东的保护措施，但是，对于优先股股东来讲却无法适用。如前所述，优先股让渡了表决权之后，公司的控制权通常落入普通股股东的手中，董事的选任由普通股股东来决定。董事会掌控在普通股股东的手中。因此，其所做的决议无可避免地倾向于普通股股东的利益，有时甚至会为了满足普通股股东的利益而损害优先股股东的利益，其中的原因在于，董事是受信之人，与普通股股东之间成立信托关系，因而要为普通股股东服务。因此，

---

[1] In re Trados, 2009 WL 2225958, at 8-9. 案例转引自：Charles R. Korsmo, "Venture Capital and Preferred Stock", *Brooklyn Law Review*, Vol. 78: 4.

在普通股股东控制的公司中，从理论上来讲，不适用信义义务理论。

二、契约保护的理论视角

（一）合同是首要的保护屏障

优先股享有的是优先分红权和剩余财产的优先分配权，代价是让渡其在公司中的表决权。优先股以分离一部分股权权能为代价换取一部分债权权能，它是介于股权与债权之间的融资工具。在很多情形下，优先股股东没有表决权[1]。优先股股东在投资时面临的最大风险就是，由于完全无法掌握公司的控制权而可能面临其权益被公司的控制者（公司的普通股股东）所侵害的情形。因此，优先股股东投资时，无疑是希望通过某些形式抑或寻求到某些理论支持来保护自己的权益。因此，有的学者们认为，优先股股东与普通股股东的利益冲突时，传统公司法上的信义义务面临扩张的需求，以解决优先股股东之利益保护的问题。但美国特拉华州公司法的经典案例告诉我们，法官们似乎并不赞同这一观点，他们认为，优先股股东的保护问题应当遵循这样的原则：如果在优先股投资协议中有明确规定，那么应当按照合同条款来实施，如果投资协议中没有明确规定的，方可适用董事的信义义务来保护。

以"Jedwab v. MGM Grand Hotels"判例为例，法院认为，应当依据合同法来解决优先股股东的特别权利诉求，如果投资协议没有明确的规定，优先股股东认为并购对自己不利，应当举证，如果不能举证，则投资协议没有明确规定禁止并购的，法院不支持优先股股东要求预先禁止并购措施的诉讼请求。

---

[1] 于莹、潘林："优先股制度与创业企业——以美国风险投资为背景的研究"，载《当代法学》2011年第4期。

第三章 优先股股东保护之理论与实践

原告优先股股东针对被告即公司的董事和公司的控股股东提起类别股诉讼,认为公司提议的一项并购措施构成对公平对待优先股股东义务的违反。

被告即公司的控股股东在磋商与另一家公司的并购事宜。根据初步设想,公司与其他公司并购之后,公司现存所有股份均获得现金收益。原告诉称,这项并购措施构成了对优先股股东的不公。法院认为,原告并没有要求在并购中获得同等的考虑的权利,至于对并购成果的公平分享的权利,原告也并未有合理的证据表明这项权利可能会因并购而受到侵害。另外,原告也未能举证这项并购最终成功的可能性。因此,法院驳回了原告请求法院发布预先禁令的诉讼请求[1]。

(二) 风险投资机构持有优先股的情况

还有一种情况值得特别的研讨,即在风险投资机构持有优先股的情境下。在美国,优先股在风险投资中广泛使用,发挥了独特的功能。由于传统的投融资双方股权安排的制度不均衡,传统股权安排无法完全克服和消化风险投资机构与创业企业间严重的信息不对称以及由此产生的委托代理问题("逆向选择""道德风险")和交易成本,严重阻碍帕累托最优的实现。

作为持有公司利润优先分配权和剩余财产优先分配权的股份,优先股股东让渡的是自己的表决权。但显然,以牺牲表决权为基础的盈余分配和剩余财产分配优先权还不足以平衡风险投资机构与创业企业之间的利益关系,不足以保证风险投资机构相机抉择的权利。在美国法律框架下利用风险投资合同,创业企业家让渡了更多合同权利予风险投资机构,作为优先股权的附加权能,成为具有独立意义的风险投资优先股,成为优先股

---

[1] Jedwab v. MGM Grand Hotels, Inc., 509 A. 2d 584 (Del. Ch. 1986).

的衍生形式[1]。

　　优先股如若在创业企业中发挥良好的融资功能，主要在于其灵活性能够涵盖各种投资和融资需求的差异化，满足了各类投资者和创业企业的投融资偏好。然而，仅仅依赖于公司法的强制性法律规范无法解决所有冲突和纠纷问题。因此，公司法应当采取弹性结构，优先股的相关制度安排应当能够体现当事人缔约时有足够的选择自由。只要投资协议没有造成消极的外部成本，法律就应当对其采取尊重和宽容的态度。因此，风险资本持有的优先股只有在尊重当事人意思自治和尊重契约精神的契约中方能寻求最好的保护。

　　概言之，美国法学学者认为，对优先股最好的保护是通过契约保护，而不是信义义务。投融资双方如果在投资协议中制定原则性条款，当某些重大事项发生时，双方能够修正各自的权利义务并达成一致，方能弥补这种缺陷，保障公司参与各方的合理预期。

　　而这一观点也符合公司法的理论。优先股持有人投资时，可拥有一纸投资合同。而公司就是一系列的契约束。"公司契约理论"或"契约连锁理论"（nexus-of-contracts theory），以经济学上的"代理理论"和"交易成本理论"为基础，将公司视为一系列契约的链接，参与这个契约的主体主要包括股东、董事、雇员、供应商和顾客。私人秩序被认为是安排这些主体之间关系的最优方式。公司契约理论这一概念系由麦克·詹森（Michael Jensen）和威廉姆·麦克林（William Meckling）在经济学界完善并推广开来。目前诸多主流公司法学者都是公司契约论的拥趸，如耶鲁大学 Jonathan R. Macey 在《公司治理》中谈到："许

---

[1] 宣頔、赵美珍："美国风险投资优先股制度的演进与运用"，载《经济导刊》2011年第10期。

第三章　优先股股东保护之理论与实践

久以来，公司就被视为是一系列合同连锁或一系列明示或默示的契约。"私人公司或企业只是一种形式的法律虚构物，是合同订立关系的连接，它的特征是在组织的资产和现金流上存在着可分割的剩余索取权。麦克·詹森和威廉姆·麦克林强调公司系法律拟制产物，其并非主体，并且没有真正独立的存在[1]。

同时，公司的章程也应相应作出关于优先股权利义务的规定，而公司章程即是一种契约。在英美法的语境中，公司章程即为公司合同，公司的发起设立、增资减资、发行股票、举债担保、变更公司形式等条款均为某些协议的表现，因此，公司又可被视为一种合同束，章程又被视作契约型的自治规范，构成了商事自治规范的一个基本类型。"由于商法本质上属私法，因此根据'法未明文禁止即许可'的基本原则，商事自治规范的约定适用主要由商法任意性规范进行概括性赋权。至于具体如何约定，法律一般不加干涉，但可能会加以引导，比如公司法对公司章程、商会法对商会章程基本内容的建议[2]。"

（三）合同理论对信义义务理论的质疑

合同具有弱点即合同天生具有不完备性，合同双方无法做到穷尽各种可能性来规定遇到何种纠纷并安排好解决办法。但是合同可以提供一种解决问题的机制和规则，而这些机制与规则来自于法律的规定。相较于合同的不完备性，信义义务的优势在于，合同双方不需要提前对任何可能发生的情况进行设定，合同双方可以依照签约时的法律规定的信义义务来寻求保护，因为公司法包括其中的信义义务，通过为交易双方提供一套既

---

[1] 李诗鸿："公司契约理论新发展及其缺陷的反思"，载爱思想网站，http://www.aisixiang.com/data/81260.html，2018 年 8 月 13 日访问。

[2] 董淳锷："商事自治规范司法适用的类型研究"，载《中山大学学报》2011年第 6 期。转引自：赵寻："论公司章程视角下的优先股股东权利保护"，浙江大学2014 年硕士学位论文。

定的规则而减少了交易的成本[1]。

然而,这种观点也遭到了一些质疑。优先股持有者尤其是风险机构投资者进行投资的时候,基于其专业能力进行评估后,当然知晓投资后资金可能面临无从收回的巨大风险,因此在投资协议中植入满足一定条件时的回购条款或者清算优先权条款等。事实上,现在的风险投资机构所掌握的优先股基本都是有期限的,并且投资合同均规定满足设定的条件时,发行公司应当回购优先股。因此优先股是有退出机制的。我们应当有信心认为,在需要的时候,理性的合同双方会自愿选择信义义务来解决问题。一方面,掌握公司控制权的普通股股东被要求为了优先股的利益、最大化普通股的价值或者最大化公司的价值来管理公司,他们可以将自己的利益凌驾于优先股股东的利益;另一方面,优先股股东得以依据合同中的回购条款和股份转换条款来保护自己,他们被允许倾向于自己的利益而行事。因此,信义义务适用于广泛的非合同领域,而无需用于解决合同双方之事。因此,优先股与普通股之间的利益冲突的性质不需要适用"以一对百"的方式即信义义务来解决两者之间的矛盾。

更何况,优先股股东并非存心在掏空公司的利益或者意图出售整个公司,优先股股东只不过是依照投资合同的规定,在公司未能满足其投资初始的条件时有权退出公司而已。那么,信义义务应当作为填充的角色而出现,即当合同有明确的规定时,信义义务应当"保持沉默",只有合同未作规定时,方能启动信义义务。优先股股东所做的以普通股股东的利益为代价的行为实际上是依据合同中所明确的权利,比如强制公司破产清算、合并或者回购。因此,信义义务对于身处风险资本环境中

---

[1] See, e.g., Stephen M. Bainbridge, the New Corporate Governance In Theory and Practice 30-31 (2008); Easterbrook & Fischel, supra note 200, at 1444.

的普通股股东来说是具有相当的意义的,它能够保护普通股股东免受机会主义的侵害。

总之,在风险资本环境中,优先股股东不应当被适用信义义务来保护,但在优先股股东控制公司的情况下,信义义务应当被适用以保护普通股股东。

(四) 特拉华州商务法庭的经典案例

ThoughtWorks 公司拥有很少量的资产,其最大的资产就是人力资产。1999 年,公司寻求上市,并很快找到了一家风险投资机构 SVIP。ThoughtWorks 公司以每股 8.95 美元的价格发行总计 2660 万美元的优先股。考虑到退出风险,SVIP 在投资协议中要求,如果在未来的五年中,ThoughtWorks 未能上市,将触发强制回购机制,ThoughtWorks 公司将以发行价回购 SVIP 持有的优先股并支付累积的股息[1]。2006 年,公司未能上市,SVIP 要求回购其所有优先股,回购总价为 4500 万美元。

尽管公司的金融专家团认为公司有较多的净资产,甚至是较多的现金流,但董事会坚持认为,公司没有资金用于回购。2010 年,经商务衡平法院确认,仅有 4100 万美元的优先股得到了回购。事实上,2009 年,董事会开始寻求借款筹措资金以完成回购。ThoughtWorks 寻找到了愿意提供 2500 万美元用以回购优先股的出借人,但是条件是优先股要出售所有的股份,但有的股东拒绝了[2]。SVIP 提出,在"公司有能够支配的资金方可回购"的规则之下,ThoughtWorks 公司实际上有足够的溢余来完成回购,SVIP 聘请的专家认为,ThoughtWorks 公司的资产负债表盈余有 6800 万至 1.37 亿美元[3]。

---

[1] ThoughtWorks, 7 A. 3d at 978.

[2] ThoughtWorks, 7 A. 3d at 978.

[3] ThoughtWorks, 7 A. 3d at 976, 982-83.

Laster 副大法官没有采纳这一理由，因为公司有合法的、能够支配的资金不能与"资产负债盈余"之间划等号[1]，存在"资产负债盈余"并不意味着拥有用于回购的"合法的、能够支配的资金"。没有"资产负债盈余"可能是缺乏"合法的、能够支配的资金"的最常见的原因，但不是唯一的原因。很明显，即便有"资产负债盈余"，公司也可能没有将用于回购的资金分离出来[2]。

换句话说，资金——现金必须是实际上握在手里的，才能用于回购。而事实上，无论是通过出售资产还是借款，ThoughtWorks 均无法将其巨大的"资产负债盈余"转换为现金。其业务的性质决定了其无法降低成本来积累必要的现金用于回购优先股。ThoughtWorks 的业务的主要成本是支付员工的报酬。所以，表面上，资产负债盈余大量存在，但没有用于回购的资金。

Laster 副大法官认为，原告应当举证：董事会在作出针对留存"合法的、可以支配的资金"的决议时，是恶意的，其所依据的方法和数据是不可靠的，或者其所作的决议是为了构成欺诈[3]。SVIP 没有达到这个要求。结果是商务衡平法院的关于狭义的合同上的解释的观点没有起到与原来的判例一样程度的保护作用。原来所预期的合同上的保护在此案中转换成针对董事会的商业判断问题。因此，即便优先股投资合同中规定了赎回条款，但是如果公司的经济状况不能够满足回购的法定条件的话，优先股股东还是无法达到要求回购股份的目的。

（五）"合法的、可以支配的资金"的考量

在 19 世纪到 20 世纪中期的司法实践中，优先股的股息以

---

[1] ThoughtWorks, 7 A. 3d. at 983.
[2] See id. at 985–86.
[3] ThoughtWorks, 7 A. 3d at 988.

及赎回支付都受制于法定资本规则和欺诈性转移规则。前者防止公司财产降低到资不抵债的程度或者减少了法定资本额；后者防止公司出现持续经营危机，如果公司留下的资产太少以至于无法持续经营或者偿付到期债务，就不能进行分配或赎回。有些案件甚至走得更远，禁止对优先股的支付存在任何"可能"削弱、危及或者伤害债权人的利益之情形。优先股股东负担举证责任，他们必须证明要求公司支付优先股股息或回赎本金不会导致上述结果。由于这种历史背景，通常优先股合同或章程中对于股息或回赎的支付都附加了一项限制，即"合法可用之资金"[1]。

在一些传统的商业州中，特拉华州、纽约州仍然保留着传统的法定资本制约束，适用"声明资本/溢余"标准（即分配只能从溢余中支付，不得损及法定资本）；而加利福尼亚州则独辟蹊径，综合法定资本、财务比率、清偿能力三方面的要求，对公司分配行为施加了比改革前更为严格的管制[2]。由此也导致美国风险投资协会在《美国风险投资示范合同》中特别提醒业界关注加州公司法的特殊规则："特拉华州法律通常允许公司支付分红或回赎股票，只要公司在分红或回赎之后仍有偿付能力。相反，加州公司法禁止分红或回赎，除非公司满足一定的

---

[1] William W. Bratton & Michael L. Wachter, A Theory of Preferred Stock, 161 U. Penn. L. Rev. 1815, 1861-1863 (2013). 转引自：刘燕："对赌协议与公司法资本管制——美国实践及其启示"，载《环球法律评论》2016年第3期。

[2] Cal. Corp. Code, §500（a）(b)（"只要（1）保留盈余（retained earnings）等于或者超过拟议的分配额，或者（2）分派后公司资产总额至少等于负债的125%，且流动资产至少等于其流动负债及前两个会计年度中税前息前盈余都超过利息支出，或若税前息前盈余不足，则流动资产与流动负债的比例为1.25:1，公司的分配就是合法的。"）以及 Cal. Corp. Code, §501.（公司分配后不得丧失清偿能力），转引自：刘燕："对赌协议与公司法资本管制——美国实践及其启示"，载《环球法律评论》2016年第3期。

财务标准,特别是流动资产至少须为流动负债的 125%。因此,准加州公司在加州公司法下不能支付分红或赎回股票,尽管这样的支付在特拉华州法律下是可以进行的[1]。"

---

[1] 美国风险投资协会:《美国风险投资示范合同》(中英文对照本),北京市大成律师事务所、北京市律师协会风险投资委员会组织编译,法律出版社 2006 年版,第 202~203 页。对加州与特拉华州公司法在利润分配管制问题上的差异的一个简要说明,参见刘燕:"公司法资本制度改革的逻辑与路径——基于商业实践视角的观察",载《法学研究》2014 年第 5 期。转引自:刘燕:"对赌协议与公司法资本管制——美国实践及其启示",载《环球法律评论》2016 年第 3 期。

第四章 国有企业中优先股的适用问题

第一节 我国国有企业的治理困境

2013年中共十八届三中全会释放了新一轮国有企业市场化改革的强烈信号,积极发展混合所有制经济,尤其是突破国有股独享公司控制权的格局,从而有效抑制政府于资源配置中的决定性作用[1]。2015年8月24日,中共中央、国务院印发了《关于深化国有企业改革的指导意见》(以下简称《国企改革指导意见》),这是新时期指导和推进中国国企改革的纲领性文件。该文件围绕实现国有企业改革的目标,指出要完善现代企业制度;推进公司制股份制改革,健全公司法人治理结构,建立企业领导人员分类分层管理制度,实行与社会主义市场经济相适应的企业薪酬分配制度,深化企业内部用人制度改革;发展混合所有制经济,鼓励国有企业通过投资入股、联合投资、重组等多种方式,与非国有企业进行股权融合、战略合作、资源整合。

关于国有企业股权结构之改造,学界主流的一种观点是施行优先股制度[2]。国务院于2013年底出台了《指导意见》,证

---

[1] 郭青青:"中国国有企业股权结构的混合所有制改革",载《改革与战略》2015年第11期。

[2] 冯果、杨梦:"国企二次改革与双层股权结构的运用",载《法律科学(西北政法大学学报)》2014年第6期。

优先股股东保护之法律制度研究

监会随之于次年3月颁布《管理办法》，为国有企业混合所有制改革中运用优先股引入民间资本提供了制度支持。股份制的国有企业改革为何要引入优先股，优先股制度的引入能否切实解决国有企业现存的问题？本章通过分析国有企业的治理困境，对国有企业改革引入优先股制度的风险和制度功能进行全面评析，明确适用国有企业优先股的重点对象，旨在完善现代企业制度和国有资产管理体制、发展混合所有制经济、有效地防止国有资产流失，实现国有资产的保值增值。

一、我国国有企业背景概述

2005年我国实施股权分置改革后，流通股和非流通股并存。伴随着资本市场的快速发展，同股不同权的制度安排越来越影响市场预期的稳定，破坏市场价值决定价格的功能。目前，上市国有企业中拥有大量国有非流通股，不能入市流通，造成了我国上市公司的股权结构中的"一股独大"的现象。国有企业的问题是内部人控制导致的，国有企业的活力和竞争力无法得到激励。另外，在当前的国有企业改革中，政府"出资人"身份和"监管者"身份的双重性以及国有企业"经济人"身份和"准政治人"身份的复合性，使得政府与国有企业之间关系的厘定非常困难[1]。国有企业的治理陷入了困境。

资本所有者将企业财产的占有、使用、处置等权利委托给专业的职业经理人经营管理，双方之间形成委托—代理关系。代理最常见、最基本的问题有两种，一种是道德风险，另一种是逆向选择。所谓的道德风险是指代理人为了追求自身利益，违背道德规范，不惜损害委托人的利益，譬如不努力、不尽职、

---

[1] 顾功耘、胡改蓉："国企改革的政府定位及制度重构"，载《现代法学》2014年第3期。

侵占其所掌握的企业财产等。所谓的逆向选择是指在信息不对称的市场主体双方之间，处于信息优势地位的一方如果能够利用该优势信息使自己受益而对方受损，还是会继续和对方进行交易[1]。

国家作为出资人，是一个非常抽象的主体，其出资人的权利只能委托代理人——国资委来代为行使，国资委也不能直接管理国有企业，需要通过任命董事会作为其在企业里的代理人，再由董事会选任经理层人员来对企业进行经营管理。委托—代理的链条被拉长了。

国有股的产权代表虽然拥有法律赋予其的控制权，但并非企业的实际所有人，难以驱使其追求企业的最高利益。另外，所有人虚位，又使得国有资产监管乏力，内部人极易获得企业的控制权，而国家对于企业产权上的控制薄弱。因此，多层委托—代理的链条过长导致企业的财产和控制权处于极度缺乏监管的状态，国有企业的管理人员利用手中权力寻租的现象大量存在，国有资产严重流失。

二、国有企业分类治理的困境

长久以来，一旦涉及国有企业的治理问题，多数学者会提出一个观点：国有企业治理过于受控于政府，缺乏市场主体应有的活力。但此类观点似乎忽略了一个事实：国有企业存在三种类型，即公益性国有企业、竞争性国有企业和垄断性国有企业。事实上，并非所有类型的国有企业都应当被纳入市场化的范畴并受到《公司法》的规制。所谓公益性国有企业，即功能定位指向公益性的国有企业，以改善民生、服务社会、供给公

---

[1] 杨雄壬："论国有企业混合所有制改革中的优先股制度"，载《绵阳师范学院学报》2017年第3期。

共产品或服务等增进社会福祉为主要目标，可视为"政府之手"的延伸，助力政府职责的实现，例如：教育、公共医疗、社会福利保障、公共设施服务等行业；竞争性国有企业，即不以公益性功能为指向的国有企业，代之以市场需求和自身效益为指向，在完全竞争的市场中以效益最大化为首要目的进行投资经营，涵盖了除自然垄断行业、公共产品和服务行业、涉及国家安全行业以外的所有国有企业[1]；垄断性国有企业主要存在于自然垄断的行业中，包括军工、石油、高新技术产业等涉及国家经济安全的行业。这类企业既要以承担社会公益性为目标，又要以追求盈利为目标[2]。

诚然，如果以市场主体的要求来审视所有类型的国有企业，它们无疑都存在如下问题：政府的行政意志强大，企业管理层被长官意志所控制，管理层无视真正的市场规律。由组织部门任命的国有企业管理人员，只需要对上负责就可以了，他们需要迎合的是政府的需求，而真正的市场游戏规则被漠视，现代企业应有的治理结构被破坏了。有文献认为，行政化治理在中国表现为"低效率"，会带来诸多问题：第一，过度垄断问题。垄断的后果是消弭竞争，滋生腐败；第二，公司治理陷入低效率。董事会由行政化的投资人派生，无论怎么建立治理结构，都很难建成自主经营、自我发展、公平竞争的市场化国企[3]；第三，内部人控制现象严重。董事会和经理层高度重叠，董事会无法对经理层实现有效的监督。按照《公司法》的规定，经理的选

---

[1] 曾福城："竞争性国有企业混改与优先股采行"，载《南京航空航天大学学报（社会科学版）》2017年第4期。

[2] 张东明、史册："国有企业实行优先股制度风险、边界及途径"，载《经济体制改革》2016年第3期。

[3] 蒋大兴："国企为何需要行政化的治理——一种被忽略的效率性解释"，载《现代法学》2014年第5期。

任和报酬由董事会来决定,经理对董事会负责。而在我国国有企业中,董事会和经理层严重重叠,董事会成员也在经理层任职。这种现象导致了自己对自己负责、自己监督自己的后果。

然而事实上,国企的行政化治理是一种世界现象,差别只在于其目标以及内容、手段和方式的不同[1]。因此,如果说我国的竞争性国企尚且应当成为市场化的主体并受到《公司法》的规制,那么公益性国企从事的是公共领域的经营,主要有教育、能源和自然资源、公益性住房、公共交通、公用设施、环境保护等,这些领域原本属于政府的职能范围,在现行市场经济体制的背景下,应将此等政府职能转化为企业职能,更确切地讲,是转化为公共企业职能。"行政化"的存在,不仅不会使公共企业的经营效率低下,反而会提高其职能实现的效率。蒋大兴教授提出:因为治理的行政化,国有企业在上市融资过程中更容易得到成功。截至 2012 年底,全国共有 953 家国有控股公司在 A 股上市,市值合计 13.71 万亿元。在建设创新型国家的实践中,国有企业也具有核心竞争力,例如神九、蛟龙、高铁、歼 15 等。从 2003 年到 2011 年,全国国有企业累计上缴税金 17.1 万亿元,2011 年国有企业上缴税金占全国税收的 38.4%。到 2011 年底,已有 2119 亿元的国有股权转让收益划归社保基金。中央企业还划转到全国社保基金 83.94 亿股。而在立法规制上,蒋大兴教授认为,应当借鉴美国针对政府公司的立法规制,对其成立、运行和监管,多在普通公司法以外,以特别公司法案专门予以规制[2]。

---

[1] 蒋大兴:"国企为何需要行政化的治理——一种被忽略的效率性解释",载《现代法学》2014 年第 5 期。
[2] 蒋大兴:"国企为何需要行政化的治理——一种被忽略的效率性解释",载《现代法学》2014 年第 5 期。

本书认为，上述观点不无道理，并进一步提出建议：公共企业在我国应当是指公益性国有企业和垄断性国有企业，这两类企业应当设立专门的公共企业法予以规制，另外，还需要兼顾垄断性国有企业的营利性和公共服务性两个方面的功能，因此，如何在反垄断和营利之间取得立法上的平衡，应交由《反垄断法》去考量。优先股应当绝大部分在竞争性国有企业中进行制度安排。

第二节　优先股在竞争性国有企业改革中的制度功能

一、优先股成为国有企业融资的重要渠道

多数国企、央企受制于政策壁垒，存在着融资难的问题。企业融资过程中，面临融资比例的限制。首先，根据国家发改委、证监会和中国银行间交易商协会的规定，企业发行短期融资券、中期票据、企业债和公司债等直接债务融资余额不能超过企业净资产的40%；其次，根据银监会的规定，商业银行对单一客户贷款和购买其债权授信总额与资本净额比之和，最大比例不超过10%；再次，根据国资委的规定，如果是大型央企，资产负债率上限一般是75%。我国企业特别是大型中央企业都必须要同时满足这三个比例[1]。

另外，上市公司中的央企、国企中，资产负债率超过75%的大都分布在建筑建材、公用事业、金融服务、化工、机械设备、交通运输等周期品行业[2]。由于行业的特殊性，这些行业

---

[1] 陈金艳："优先股助力国企改革"，载《上海国资》2013年11月18日财经版。

[2] 杨雄壬："论国有企业混合所有制改革中的优先股制度"，载《绵阳师范学院学报》2017年第3期。

的股价低迷,投资者少有投资意向,因此,这些行业面临着融资困难。

二、优先股在国有股减持和防止国有资本流失之间实现了利益的平衡

鉴于我国上市国有资本总量庞大,战略性调整减持或退出需要的是逐步推进。那么,如何在国有股减持和防止国有资本流失之间实现利益的平衡?如果大量地直接出售国有股,会造成国有资产的流失和股市震荡、股价下跌。优先股股东具有优先分红权和剩余财产的优先分配权:一方面,在企业经营状态良好时,优先股能够获得稳定的股息,保证国有资本增值;另一方面,当企业面临破产清算时,优先股又能够先于普通股优先受偿,从而最大程度地保障国有资产不流失。国有资本只有在有序的"进退"过程中逐步吸引民营资本甚至外资参与混合所有制改革,才能更好地发挥市场对资源配置的决定性作用,优化市场资源的配置。国有资本退居幕后,很大程度上解决了政企不分的问题。

三、优先股有利于国有资产保值增值

国有股多年不分红或者常年分红较少的问题长期存在,主要原因是国有企业内部人控制和国有资产的所有者缺位,导致无人真正关心国有资产的收益。但当国有股转换成优先股之后,股东享有优先分红权,还可以享有固定的股息收益。

然而,优先股在国有企业中的上述制度性功能也受到了一部分专家的质疑。从优先股流动属性上看,人们购买股票最重要的前提是具有流动性、能够挂牌交易,但优先股不具有流动性,如果国有股都转成优先股,那么国有资本退出、国有资本

在履行重组以及国有股东通过资本运作和调整实现国家战略资源优化配置的目的也就达不到了[1];国有股变成优先股而退出流通领域,最终亦会使国有股固化,这对国有股东的发展来说构成了障碍。下文将详述这一问题。

四、优先股有利于更好地发展混合所有制经济

首先,从企业角度看,在国有资本产权构成方面,通过具有固定收益率的优先股制度吸引拥有私人资本、外国资本等非公有资本的投资者进入国有企业,实现产权多元化;在国有资产经营方面,优先股股东不参与企业经营,可以实现所有权和经营权分离,解决"政企不分"、国有资产运营效率不佳等问题[2]。

其次,从产业、行业角度看,国有企业实行优先股制度有利于产业结构优化,把竞争机制引入各行各业,防止出现国有资本和私人资本所在行业"两极分化"的现象。国有企业普遍存在于自然垄断行业,实行优先股制度后,私人资本把竞争机制引入垄断行业。同时由于私人资本大量充斥于竞争性行业,熟悉市场运行规则,私人资本进入国有资本垄断行业有利于促进行业市场化。

最后,从经济社会角度看,国有企业实行优先股制度为监督国有资产提供新方法。实行优先股制度并不意味着所有的国有资本都要优先股化,国家通过保留直接控制的国有股实现内部监督,社会则通过购买优先股获得所有权实现外部监督,这不仅

---

[1] 陈金艳:"优先股助力国企改革",载《上海国资》2013年11月18日财经版。

[2] 陈金艳:"优先股助力国企改革",载《上海国资》2013年11月18日财经版。

大大降低了国家的监管成本,而且实现了监督的多角度。[1]

尽管优先股制度对国有企业发展可能有着巨大的促进作用,我们应看到国有企业实行优先股制度也存在一定的风险,主要是对国有股和国有企业造成收益和失控的风险。

第三节 优先股、黄金股注入国有企业的制度构想

一、适用优先股制度的国有企业的类型

国有企业存在垄断性、竞争性、公益性三种类型。垄断性国有企业应交由《反垄断法》去进行规制;竞争性国有企业和公益性国有企业应当充分考虑由优先股和黄金股注资以恢复国有企业真正的市场主体身份并兼顾国家对公益性企业的控制权。国有企业优先股的路径选择对于国有企业的改革是一个无可回避的问题。破解上述问题的关键在于完善竞争性国有企业的股权结构和治理结构,引进非国有资本,控制国有资本的股权比例,实现产权的多元化[2]。鉴于国有企业的不同类型,可以针对不同类型的国有企业进行不同的规定。对于一些关系国计民生的国有企业,优先股转换比例可能要相对有所限制,可以放宽至国有普通股保持绝对控股地位(国有股控股比例超过50%),例如银行、中石油等企业[3]。优先股应当主要是针对竞争性国有企业,而针对公益性国有企业的股份制改革,应考

---

[1] 张东明、史册:"国有企业实行优先股制度风险、边界及途径",载《经济体制改革》2016年第3期。

[2] 王偕勇:"国企混合所有制改革的路径及制度设计",载《上海国资》2016年7月版,转引自:曾福城:"竞争性国有企业混改与优先股现行",载《南京航空航天大学学报(社会科学版)》2017年第4期。

[3] 陈金艳:"优先股助力国企改革",载《上海国资》2013年11月18日财经版。

虑适用黄金股制度。

公益性国有企业关系着国计民生的重要领域和行业，应当保证国家对公益性国有企业的所有权和控制权。由于优先股不具有投票权，因此国有优先股的占比不能过高，否则，国有股将丧失对公益型国有企业的控制。因此，国有普通股的比例应当大于50%。竞争性国有企业能否真正做到"政企分开"，能否真正赋予企业的经营管理人员以决策权，这关涉到企业能否在市场中获得强有力的竞争优势。因此，竞争性国有企业中的优先股的比例应当较高，国有资本应有相当大的比例转化为优先股，理论上讲应该远远大于50%；其次，鉴于这类国有企业熟悉市场的运行规则，并以盈利为目的，因此国有资本优先股化的步伐应当较快，且这类国有企业适合作为优先股试点企业。尽管国务院尚未公布首批优先股试点的5家企业，但业内普遍猜测大型国有银行可能拔得头筹，这也与竞争性国有企业实行优先股制度的特征不谋而合。此外，标普美国优先股指数中金融类企业的优先股比例最高，占84.2%，其次是公用事业类占比4.7%。借鉴美国的优先股结构，我国金融类企业（竞争性国企）很可能成为发行优先股的主力军[1]。只有如此，才能使国有股真正退出，改善国有企业长期以来"政企不分"的境况，将企业还给市场，使国有企业成为真正意义上的市场主体，参与市场竞争，国有优先股也才能实现盈利的目的。垄断性国有企业则需要兼顾盈利的目的和逐渐退出垄断行业的目标，因此其优先股的数量应适中[2]。

---

[1] 张东明、史册："国有企业实行优先股制度风险、边界及途径"，载《经济体制改革》2016年第3期。

[2] 张东明、史册："国有企业实行优先股制度风险、边界及途径"，载《经济体制改革》2016年第3期。

二、明确国有优先股保值增值的价值导向

国有企业引入优先股的同时，应当明确国有优先股保值增值的价值导向。将国有股部分地转换成优先股后，在竞争性的国有企业中，国有资产让渡其控制权，董事和经理的任免依照资本多数决原则来选举产生，那么，国有优先股就如同所有类型的公司中的优先股一样，有可能面临普通股股东对其利益的侵害。因此，设立国有优先股的价值导向应当是国有资产的保值增值。

（一）明确国有优先股制度设计的重点

股权的内容主要由获取资本利益和参与公司经营管理两部分构成，优先股的股东之所以同意放弃表决权，原因在于优先股可以取得对公司收益和剩余财产的优先分配权，这种"优先"甚至能让优先股股东直接领取固定比例的股息，所以其投资风险远小于普通股，在普遍认为国有资本投资效率低于民营资本投资效率的形势下，这点似乎更有理由保证国有资产的保值增值。

当前，国有企业改革正全面进入"施工期"，下一步要牢牢把握改革的正确方向，按照国有企业改革的顶层设计，扎扎实实地推进国有企业改革各项任务落地见效。比如发展混合所有制经济，这项改革试点已经起步，今后还要积极推进主业处于充分竞争行业和领域的商业类国有企业混改。鼓励包括民营企业在内的非国有资本投资主体通过多种方式参与国企改制重组，也鼓励国有资本以多种方式入股非国有企业，建立健全混合所有制企业治理机制。中央企业将全面完成公司制改革，下一步要在此基础上推进股份制改革，引入各类投资者实现股权多元化，探索建立优先股和国家特殊管理股制度。因此，在将来设

计国有股优先股制度时,重点应当是确保国有资产的不流失。资本最大的特点是可流动,在流动中实现高效配置、创造更大价值。从强调做强做优做大"国有企业"到"国有资本",层级更高、范围更广、内涵更深刻,也与新一轮国企改革由"管企业"为主向"管资本"为主转变一脉相承。十九大强调:"要完善各类国有资产管理体制,改革国有资本授权经营体制,加快国有经济布局优化、结构调整、战略性重组,促进国有资产保值增值,推动国有资本做强做优做大,有效防止国有资产流失。"中央企业在推进股份制改革的过程中,主要的手段是引入各类投资者实现股权多元化,优先股和国家特殊管理股制度即是题中之意。《国企改革指导意见》在"推进公司制股份制改革"中提出:允许将部分国有资本转化为优先股,在少数特定领域探索建立国家特殊管理股制度。

然而,如前所述,有学者认为,国有股正是因为有控股权,企业才成为国有企业,国家才对企业负有监督管理的权力,如任免企业高管、考核经营业绩、查处企业的违规行为等。国有股要有收益权,但重要的是控股权,这才是国有股的本质所在。

(二)预防国有优先股的制度风险

1. 国有股的市场面临动荡的风险、国有资本面临失控的风险

第一,国有企业发行的优先股如果设定的股息率比较高并伴有强制回赎条款等,这意味着优先股成为市场风险敞口较小而收益较高的投资工具,对于常年投资于国有企业但无从获取分红的普通股股东以及市场上理性、专业的其他投资者来讲具有强大的吸引力,普通股会受到投资者的看空甚至排挤,有些普通股股东甚至会出售普通股股票来注资国有企业的优先股,造成国有企业普通股的股价下跌进而造成市场动荡,不利于国

有企业的发展。

第二，国家对国有资本的失控。《管理办法》和《国企改革指导意见》提出了国有股优先股化的问题，主要的原因还是前述的所谓"委托人困境"的问题。国有企业的管理者和国家的利益不一致，所以导致国有企业腐败、利润率低下。尤其在现在一般利润率下降、经济下行的压力下，国企面临深刻的危机：负债率居高不下，国企沦为地方政府利益线条的影子机构，国家对地方国企的控制面临失控的风险[1]。

在政策制定者看来，优先股的制度优势在于，通过国有资本优先股化的制度设定，政府就失去了对企业进行行政管控的机会，国有企业的管理层就能够真正地拥有决策权而不是继续扮演政府的"木偶"的角色，能够将自己的事业与企业的发展紧密结合。在赋予国有企业管理者经营权的同时，对其适用股权激励制度，这样管理者也能够真正成为国有企业的主人。

所以，为了能在优先股享有优先分红权之后获得普通股的分红，管理者不停地为了企业获取更多的利润而努力工作。那么，国家作为国有企业的真正所有者，在经历了国有股优先股化的制度改革之后，就能够做到不管制企业而获取收益了。

历史上，英国在撒切尔夫人主政的私有化过程中，售卖了几乎所有国有公司。一大批的国有企业被推向市场后效益大增。比如，英国电信公司在私有化之前连年亏损，私有化后成功扭亏为盈。政府在出售企业后不仅甩掉了财政包袱，每年还有数十亿英镑的税收进账，且分得大量红利。

然而，国有企业之所以为国有企业，就是按照其功能定位，不能只算简单的经济账。涉及宏观层面的国家产业布局、结构

---

[1] 木清："国企改革：国有股转为优先股非常危险"，乌有之乡网刊http://www.wyzxwk.com/Article/shidai/2015/09/351512.html，2018年8月14日访问。

调整，党的执政基础、社会责任、就业等政治账，远比眼前的蝇头小利要重要得多。只算经济账，就是对国有企业的"矮化"，沦为追求利润率的普通资本主义企业。

由私人资本来运营"国企"，就是以利润率为中心。提高利润率无非主要靠两个条件：一是降低成本，如裁员、减员增效、降低职工福利；二是提高价格，在国计民生的领域，就表现为提高公共品的价格。这些都是不利于民众的生活的做法。

而另一个重要的问题是，尽管《管理办法》规定，发行优先股的公司的高管及其配偶不得购买本公司发行的优先股，但是这仍然无法避免国有企业的管理者利用国有股优先股化的程序来掏空公司。国有企业的管理者在第一时间获知企业发行优先股的信息，可以联合成立符合优先股投资者条件的公司，在国有企业发行优先股的时候，通过联合设立的公司来购买优先股，达到间接持有优先股的目的。由于优先股均附带有优先分红权条款，大部分优先股还附带有强制赎回条款，而原先累积已久的代理问题悬而未决，国有企业的管理人仍然以内部人的面目而存在着，此时，国有企业管理者很可能为了满足自身间接持有的优先股的利益而损害国有企业的普通股股东的利益以及国有企业的利益。例如，为了使得优先股能够获得赎回避免持有者自己的损失，国有企业的管理者可能会不顾一切地出售国有资产以使得自己的优先股能够全身而退。因此，国有资本优先股化规模不当可能会使国家对国有企业的管理权被"架空"，出现国企"暗箱"管理。

第三，一些地方所说的国有"优先股"混改，国有优先股股东没有派出董事权利、重大事项表决权、退股权，股息不能根据经营情况增减，不能参与剩余利润分红，也不享有除自身价格以外的所有者权益，其实类似举债集资的形式，不是国有企业混合所有制改革的方向[1]。

2. 国有企业优先股股东的风险

从当前我国开展优先股试点的相关规定看，用于保障股东权益的文件只有由国务院发布的《指导意见》和由中国证监会发布的《管理办法》两个制度。但是两个文件对优先股股东权益的规定与现行《公司法》存在明显的冲突，例如关于优先股股东享有的"类别股票表决权"问题，加上企业中大股东与其控制的董事会的机会主义行为很有可能造成其对优先股股东承诺的信用缺失，从而使得国有优先股股东权益保护出现困境。

尽管存在市场风险和制度上的风险，但无论是发达国家的经验还是我国的国有企业的现实情况均提示我们，国有企业改革引入优先股制度是激活市场和企业的关键举措，我们应该正视优先股制度可能给国有企业带来的风险，并通过合理的制度设计保障在国有股不参与公司经营管理的情况下，实现国有股减持和防止国有资本流失之间的平衡，达到国有资本的保值增值的目的。总之，国有企业可以选择在企业内部通过发行优先股的方式实现产权结构多元化。但是，必须要保证国有股的绝对控制权，企业的经营管理依然由国有股东控制，企业的经营管理权并不会因此而被"架空"[2]。

三、发达国家的黄金股法律制度及对我国的启示

英国、法国、德国等国家在国有企业改革的过程中，均考虑到国家在国有企业的私有化过程中的控制权保留问题，因此，

---

[1] "优先股不是国企混改方向"，和讯网站 http://news.hexun.com/2014-10-28/169775651.html，2018年8月14日访问。

[2] 刘俊海：《股份有限公司股东权的保护》，法律出版社1997年版，第134页。

黄金股制度应运而生。黄金股应当适用于公益性国有企业，这是由公益性国有企业的特点所决定的，一方面，公益性国有企业有必要成为真正的市场主体，企业的管理层能够根据市场变化真正地管理企业；另一方面，公益性国有企业还需要保证其服务于公众的公益目的，不能偏离其经营的方向，因此，政府还需要直接或者间接地掌握其控制权。

（一）黄金股的定义

黄金股又称为"特权股""特殊权利股"。所谓的"特殊权利"，是政府用来在国有企业民营化过程中保留控制权的一种特殊工具。黄金股是指在具有特殊战略意义或者公共利益的国有企业私有化后，由政府持有并允许政府对特殊事项享有特殊权利的一股或少数股，起源于20世纪80年代的英国。英国政府利用"黄金股"模式的目的有两点：一是确保国家安全，在基础设施市场化改革中，防止国防领域等一些有国家战略意义的私有化企业被外方势力接管；二是确保私有企业的充分自由和有效管制。由于"黄金股"模式打破了传统的"同股同权"原则，在一些股份额极小的股份上赋予了不成比例的特殊权利，这个权利主要表现在对特定事项的事后否决权，而不是收益权，所以跟普通股相比，"黄金股"的权利更大。"黄金股"是一种具有象征意义的持股，其实际持有人既可是政府，也可是政府所属机构，通过调整公司治理结构，在企业内部发挥监管作用，保证公共利益不受到损害。因此，"黄金股"实际上相当于一种供在特殊情况下使用的潜在决定权[1]。

在国有企业私有化的过程中，政府面临的难题是政府对国有企业的控制权的丧失。因此，在国有企业私有化进程中，黄

---

[1] 邓沛琦："中英混合所有制经济模式比较研究"，武汉大学2015年博士学位论文。

金股制度赋予政府以一种特殊的权利,即政府仅仅持有一股或者极少数股份,但这一股具有非常特殊的权利,它赋予政府在公司的某些特定事务上有决定性权利的投票权。特殊权利股俗称黄金股,特殊权利的安排和设置多种多样,黄金股只是其中一种非常有代表性的表现形式[1]。

(二) 黄金股的形式

特殊权利的类型主要有以下几种形式,这几种形式有时单独运用,有时又同时运用,不同的公司采取的形式不同:政府在所有权发生变化时拥有绝对控制权,即在已经私有化了的原国有企业,当发生并购或接管时,必须得到政府的批准。政府可能会强加一个限制性规定,例如国外所有者不能拥有超过百分之多少比例的股份,或者某单个所有者持有股份的最高限额,或者限制投资、投票权等做法。这种绝对的控制和监管在私有化过程中有时通过购买协议来体现。协议中可以规定某些具体的措施,例如可以表明投资水平、环境要求、职员保留等。有时,在购买协议得不到遵守时,购买者还必须有以事先商议好的价格购买政府特殊股权的义务。政府享有在管理决策时的绝对的投票权。涉及公司合并、分立、重要资产的处理、公司章程的修订以及其他重大的管理决策必须得到政府的同意。有时,政府还拥有决定或任命董事、监事的权利等。"黄金股"是政府特殊权利最经常被用到的形式,通常在公司章程中体现,而公司章程的修订必须得到政府的同意和批准[2]。

(三) 黄金股的适用原则

黄金股制度尽管起着保留政府对私有化的国有企业的控制

---

[1] 张立省:"欧洲黄金股研究及对我国的启示",载《管理现代化》2012年第1期。

[2] 张立省:"欧洲黄金股研究及对我国的启示",载《管理现代化》2012年第1期。

权的作用，但并没有得到国际社会的支持，欧盟理事会和欧洲法院对"黄金股"制度的态度就非常谨慎，他们认为，"黄金股"制度存在违背欧盟鼓励资本自由流动和吸引外国直接投资政策的潜在风险[1]。

在 1998 年前后，欧盟理事会对"黄金股"的态度发生了重大的转变。1998 年，欧盟理事会第一次以违反资本自由流通为由，向欧洲法院起诉葡萄牙的"黄金股"。从 1998 年至今，欧洲法院已判决的"黄金股"案件共 15 件，其中欧盟理事会诉成员国的"黄金股"案件为 12 件，预先裁决的"黄金股"案件共 3 件。通过案件判决，欧洲法院并没有全盘否认"黄金股"制度的安排，本书拟梳理并参照欧洲法院所确立的黄金股的适用原则，归纳并总结我国在适用黄金股制度时应当遵循的原则，包括必要性原则、确定性原则、比例原则和审慎原则。

1. 必要性原则

即黄金股适用是必要的，其"一票否决权"的行使是为了立即停止公益性国企所受到的侵害，没有其他更优的方案能达成此目的[2]。目前欧洲法院在"黄金股"案件判决中承认属于公共政策和安全的理由包括公共服务、公共秩序和公共健康。即使欧洲法院认可涉案成员国因为公共政策或安全可以限制资本自由流通，但欧洲法院仍通过援引《欧盟运行条约》第 65(3) 条来审查涉案成员国的"黄金股"是否歧视或变相限制资本自由流通，如果答案是否定的，那么欧洲法院会初步认定涉案成员国可以适用例外条款。但由于欧洲法院的严苛标准，所

---

[1] 杨畅："国企改革探索'黄金股'特殊管理制度研究"，载《上海市经济管理干部学院学报》2018 年第 2 期。

[2] 曾福城："竞争性国有企业混改与优先股采行"，载《南京航空航天大学学报（社会科学版）》2017 年第 4 期。

以在实践中涉案成员国很少能通过援引《欧盟运行条约》第65(1)(b)条而获得欧洲法院的支持。

2. 确定性原则

确定性原则（The Principle Legal Certainty）是指黄金股在国企中的适用必须有明确的立法，将黄金股纳入法律规范中进行规制并形成制度，具体内容应当包括：适用黄金股制度的主体，黄金股制度的边界，应当明确黄金股股东的权利义务，诸如行使主体、适用内容以及存续期限等，形成约束力，防止黄金股股东权力的放大，逾越边界，过度干预企业的经营管理[1]。欧洲法院不否认成员国拥有保护本国重要企业和行业的权利，但要求"黄金股"遵守法律确定性原则，清楚披露市场化企业中股权交易的审批程序，从而保证投资者的正当权利。

3. 比例原则

比例原则旨在谋求手段与目的间的相互调和，是具有宪法位阶意义的法律原则。运用黄金股是为助力公益性国有企业混改的实现，保障企业的自身定位与安全。政府在公益性国有企业中的角色是保护社会公共利益与国家安全，黄金股是其改革过程中保留权力与影响的限制性手段，以实现政府对企业的必要控制。如因黄金股的运用而使企业陷入风险，则背离初衷。黄金股的制度设计需遵循比例原则，满足公共利益的同时存在合理限制，运作界限清晰，调和黄金股权力与公益性国有企业混改的微妙关系。

4. 审慎原则

对于黄金股的否定也越来越谨慎，在2013年10月的欧盟委员会诉德国一案（Commission v. Germany）中，明确表示虽然

---

[1] 曾福城："竞争性国有企业混改与优先股采行"，载《南京航空航天大学学报（社会科学版）》2017年第4期。

2007年裁决（Commission v. Germany）大众公司章程需要修改相关黄金股条款，但并非确立欧盟委员会可以就此肆意否定黄金条款，最后在并未实质回答德国的修改是否仍违背《欧盟运行条约》第63条的情形下，裁定不予受理。同年对Essenta案件的审理则明确，各国可以在电力和天然气行业设立公众公司，并为公共利益对该公司设立额外的义务，即从实质上否决了欧盟在黄金股设立问题上的过度抑制，确立了审慎原则[1]。

（四）黄金股引入我国公益性国有企业改革

黄金股尤其适用于公益性国有企业。公益性国有企业存在局限性市场失灵的问题，主要是指因超出市场作用限度、市场处于不能发挥作用的领域里所产生的市场失灵。公益性国有企业在大量注入社会资本后，社会资本的话语权不断提高，企业成为一个理性的经纪人，极有可能弃置社会公共利益而谋取私利。因此，政府应当承担起调节的责任，以黄金股的形式对公益性国企进行适度干预，以矫正局限性市场失灵[2]。

首先，有两种立法路径可以选择。一是应当就公益性国有企业和竞争性国有企业的股份制改革专门成立类似于《公共企业法》的单行法律规范，二是修改现行公司法。目前，《公司法》没有就黄金股制度作出专门的规定。鉴于黄金股对私有化后的国有企业的控制权和特殊的表决权，它与现行公司法是存在冲突的，因此，除了设立单行法律规范的立法路径之外，建议《公司法》拟定"依照其他法律、行政法规的规定，允许公司设立其他种类的股份"的条款，随后由国务院通过行政法规

---

[1] 黄鑫："黄金股在欧洲的发展现状"，载《法制与社会》2017年第9期（上）。

[2] 曾福城："竞争性国有企业混改与优先股采行"，载《南京航空航天大学学报（社会科学版）》2017年第4期。

的形式对黄金股出台专门的制度。之所以进行上述制度安排，主要是考虑到黄金股制度具有时代的特殊性，是基于国有企业私有化的过程而设立的，如果日后需要进行制度上的变革，可以降低修法的成本。当然，这种制度安排参照了优先股的制度安排，实践表明是可取并有效的。

其次，对黄金股的制度进行具体而详细的规制。黄金股的特殊性主要体现在政府这一持股人的表决权方面，表决权表现为"一票否决权"和"一票决定权"。国有企业由其他社会资本注入后，需要政府放开对企业的行政管制，赋予企业活力，但同时又要持续掌握对企业的控制权，因此，黄金股赋予政府一票否决权。然而，一票否决权应当有边界，只有当公司的决议涉及"修改公司章程、增加或者减少公司注册资本、公司合并、分立、解散或者变更公司形式"等重大事项的决议并且危及国家利益和公众利益时，黄金股持有者才拥有表决权。另外，还可以借鉴德国《大众法案》的模式，探索采取"一案一法"等方式，以专门的规章或者规范性文件确立政府"黄金股"的权利边界[1]。

再次，还应对黄金股的期限作出规定。设置"黄金股"时，要充分考虑持续期限，以及规定延期条件。对于不满足延期条件到期结束的"黄金股"，明确结束方式，如自动失效或转为普通股、优先股等其他股份类型。

总之，黄金股制度的适用应当保持各方利益的平衡，既要赋予企业活力，又要保持国家对重点企业的控制权，还要对国家持股的控制权作出边界性的规定以免阻碍其他资本对企业的发展注资助力。

---

[1] 杨畅："国企改革探索'黄金股'特殊管理制度研究"，载《上海市经济管理干部学院学报》2018年第2期。

第四节　国有优先股股东的保护

一、从契约理论角度保护国有优先股

（一）对国有优先股设定固定股息率和赎回条款

一方面，在优先股注入国有企业时，应当合理设定其股息率，并在投资协议中约定固定的股息率；另一方面，投资协议应当针对国有优先股设定赎回条款，例如在投资五年后，由公司赎回优先股，当公司出现某些重大事项（例如合并、分立、重大资产转让、资产重组、侵害优先股事件等）时，优先股的回购条件即被触发，公司应当及时回购优先股，使国有优先股退出止损。

（二）国有优先股的定价问题

《管理办法》第32条规定，"优先股每股票面金额为一百元。优先股发行价格和票面股息率应当公允、合理，不得损害股东或其他利益相关方的合法利益，发行价格不得低于优先股票面金额。公开发行优先股的价格或票面股息率以市场询价或证监会认可的其他公开方式确定。非公开发行优先股的票面股息率不得高于最近两个会计年度的年均加权平均净资产收益率"。但法律规定未能完全解决优先股的定价问题，其定价仍然要兼顾几个方面：

1. 国有优先股的发行价格

优先股的发行价格与股息率密切相关。股息率是股息与股票价格之间的比率，它是投资者判断企业是否具有投资价值的重要指标之一。在股息率的确定方面应当遵循如下四个条件：高于银行存款利率和通胀率；低于净资产收益率；与企业的盈

2. 国有优先股的赎回价格

优先股没有表决权，只有优先分红权和剩余财产的优先分配权。优先股对公司的经营没有参与权，无法退出公司，优先股退出公司的方式是被公司赎回。因此，优先股的赎回价格非常重要，这是优先股能够退出公司并保护自身利益的重要途径。赎回价格如何确定？优先股按照赎回的类型可分为强制赎回型和任意赎回型。任意赎回型的优先股的赎回权在持股人手中，强制赎回型的优先股的股东则没有选择权，但是赎回的价格应当由双方协议按照一定的标准来确定。为了保障国有优先股的利益免受损失并实现国有资本转换为优先股的目标，国有优先股的赎回价格应当适当高于普通股的赎回价格。国有优先股没有表决权，其流通性较差，赎回价格偏高于普通股也是对其让渡表决权的一种补偿。以中国农业银行为例，农行此次的优先股发行方案中列明了发行人有条件赎回条款，而没有设置投资者回售条款。这点与浦发银行一致，但不同的是，浦发银行的赎回价格为优先股票面金额，而农行的赎回价格为优先股票面金额与当期应付但未付的股息之和[2]。国有优先股设立之初的目的就在于为国有资本保值增值，因此，无论是强制回赎型抑或任意回赎型，其价格均应当偏高于一般类型的优先股，但其价格亦不能偏离价值，并且不能对普通股和公司的利益造成损害。

---

[1] 李云焕等：“关于我国优先股定价问题的相关探究”，载《商场现代化》2015 年第 29 期。

[2] 李云焕等：“关于我国优先股定价问题的相关探究”，载《商场现代化》2015 年第 29 期。

3. 国有优先股的强制转股价格

根据《管理办法》第33条的规定，上市公司不得发行可转换为普通股的优先股。但商业银行可根据商业银行资本监管规定，非公开发行触发事件发生时强制转换为普通股的优先股，并遵守有关规定。因此，优先股的强制转换问题一般发生在商业银行，而且，当优先股"强制转股触发事件"发生时，公司发行并仍然存续的优先股将根据相关要求报中国银监会审查并决定后，按照强制转股价格全额转为公司A股普通股，当优先股转换为A股普通股后，任何条件下不再被恢复为优先股。

目前，有两种方式来确定国有银行优先股的强制转换价格。一是以浦发银行为例，"浦发优1""浦发优2"的初始强制转股价格为第五届董事会第十九次会议决议公告日前最近一个会计年度末（即2013年12月31日）公司合并报表口径经审计的归属于母公司所有者的每股净资产，即10.96元/股。在公告中，浦发银行强调，自公司董事会通过本次优先股发行方案之日起，当公司因派送股票股利、转增股本、增发新股（不包括因公司发行的带有可转为普通股条款的融资工具转股而增加的股本，如优先股、可转换公司债券等）或配股等情况使公司普通股股份发生变化时，将按一定公式进行转股价格的调整。之后，浦发银行于2017年6月13日披露了《关于调整优先股强制转股价格的公告》。公告显示，浦发银行发行的"浦发优1""浦发优2"优先股强制转股价格在多次调整后已调至7.64元/股[1]。实际上，浦发银行的发行方案是将优先股的转股价格定位于本次发行董事会决议公告日前最近一个会计年度末公司合并报表口径经审计的归属于母公司所有者的每股净资产。二是以农行

---

〔1〕 崔启斌、高萍："浦发银行下调优先股强制转股价格"，载《北京商报》2017年9月6日，第6版。

为例,农行的初始转股价格为该优先股发行方案审议通过日前20天普通股股价的平均值,是按照发行前交易均价来计算的。无论何种计算方式,都应当保证国有优先股的价值不被贬损。

二、从公司治理的视角探讨对国有优先股的保护

通过优先股的制度设定,政府无法再插手国有企业的管理事务,国有企业的管理层获得了充分的股权激励和决策权。作为"经济人",管理层必须使国有企业保持足够高的利润,这样就能够在国有优先股行使优先分红权之后,自己获得收益。因此,由社会资本来运营"国企",以赚取利润为核心,满足了市场主体的竞争特性。

（一）国有优先股股东的利益保护

本书认为,就国有优先股设立类别股东大会,建立分类表决制度,这是有法可循的。根据委托—代理理论,商事公司的其中一类利益冲突就存在于拥有公司绝大多数或控制性利益的所有者与小的或者非控制性所有者之间[1],普通股股东与优先股股东之间的利益冲突即是其中一种。《管理办法》第10条的规定对这一问题进行了考量,应当适用于国有优先股这一类别。第10条规定:"出现以下情况之一的,公司召开股东大会会议应通知优先股股东,并遵循《公司法》及公司章程通知普通股股东的规定程序。优先股股东有权出席股东大会会议,就以下事项与普通股股东分类表决,其所持每一优先股有一表决权,但公司持有的本公司优先股没有表决权:（一）修改公司章程中与优先股相关的内容;（二）一次或累计减少公司注册资本超过百分之十;（三）公司合并、分立、解散或变更公司形式;（四）发行

---

[1] [美]莱纳·克拉克曼等:《公司法剖析:比较与功能的视角》(第2版),罗培新译,法律出版社2012年版,第37页。

优先股；(五)公司章程规定的其他情形。上述事项的决议，除须经出席会议的普通股股东（含表决权恢复的优先股股东）所持表决权的三分之二以上通过之外，还须经出席会议的优先股股东（不含表决权恢复的优先股股东）所持表决权的三分之二以上通过。"也就是说，凡公司决议涉及国有优先股股东权利的，需分类表决通过才可生效。分类表决制度下除需要经过普通股股东大会审议通过外，还需经过国有优先股股东大会的审议通过，以此避免国有优先股股东遭受普通股股东机会主义行为侵害的可能[1]。

(二) 特殊管理股制度

避免重要领域的国有企业控制权旁落他人之手，国有优先股的分类表决制度的设立旨在给予国有优先股在自身权益受到威胁时的一种权利保护的救济方式。但是，当国企股份的控制权被社会资本所取代，国有企业的控制权究竟会落到谁的手中？一旦将这些大型国企的股份控制权转移出去，能够有足够资金取得国企控制权的，很有可能是国际垄断资本集团[2]。如何防止垄断资本集团掌握国有企业的控制权，防止其掌握我国的经济命脉？《国企改革指导意见》第（七）条规定，允许将部分国有资本转化为优先股，在少数特定领域探索建立国家特殊管理股制度。

1. 何谓"特殊管理股制度"

特殊管理股制度在西方国家最开始是政府为了在国有企业私有化后能够继续保持其对企业的控制权而创设的。简单地说，

---

[1] 曾福城："竞争性国有企业混改与优先股采行"，载《南京航空航天大学学报（社会科学版）》2017年第4期。

[2] "国企改革：国有股转为优先股非常危险"，载乌有之乡网站，http://www.wyzxwk.com/Article/shidai/2015/09/351512.html，2018年3月20日访问。

就是同股不同权。我国《公司法》规定，股份平等，实行一股一权原则。但特殊管理股旨在打破这一原则，而事实上，我国《公司法》也对特殊管理股制度预留了政策空间。我国《公司法》第131条规定，国务院可以对公司发行本法规定以外的其他种类的股份，另行作出规定。因此，特殊管理股制度就是通过特殊的股权结构设计，使创始人股东在股份制改造和融资过程中，有效防止恶意收购，并始终保有最大决策权和对公司的实际控制权。具体做法是将公司股票分为A类股和B类股两种，二者拥有同等的经营收益权，但创始人股东的股票（B类股）拥有特别投票权，包括董事选举和重大经营决策的表决等[1]。

2. 特殊管理股与优先股表现不同

在收益模式、投票权、经营权、清偿顺序等方面都存在诸多差异，其表现为：第一，收益模式不同。优先股分红在发行时确定，较为稳定；特殊管理股分红取决于每期具体利润分配方案。第二，投票权不同。优先股股东不享有投票权；特殊管理股股东享有特别投票权，例如董事选举和重大公司事项表决权。第三，经营权不同。优先股股东不享有经营权；特殊管理股股东享有经营权。第四，清偿顺序不同，优先股破产清算时优先偿还；特殊管理股破产清算时滞后偿还[2]。

3. 特殊管理股制度适用的领域应当是在"少数特定领域"

究竟是哪些"少数特定领域"呢？2013年11月，党的十八届三中全会通过的《中共中央关于全面深化改革若干重大问题的决定》（以下简称《决定》）指出，对按规定转制的重要国

---

[1] 卫志民、高美丽："重要国有传媒企业实行特殊管理股制度的探索"，载《理论视野》2014年第10期。

[2] 陈孟："对人民网探索特殊管理股制度改革的分析"，载《当代传播》2017年第5期。

有传媒企业探索实行特殊管理股制度。

4. 特殊管理股制度之于国有传媒企业的利好

这主要体现在淡化意识形态的影响，还原国有传媒企业的市场竞争主体的决策自由的特征。在一股一票制度下，政府对国有传媒企业管得过宽、管得过细，使国有传媒企业的发展缺乏活力。现行制度下，国有股代表在行使股东权利时更多考虑的不是市场因素或经济目标，而是受到国家意识形态的影响。如此会导致国有传媒企业行政审批过多，生产经营主体行为严重受控，对市场需求反应迟钝，严重缺乏活力和市场竞争力等问题[1]。在全面深化改革的背景下，政府职能转变是一项重要内容。通过设置特殊管理股，政府只保留在公司发展重大事务上的决策权，而不再介入企业的市场竞争活动，很好地解决了政府管理部门越位和错位的问题[2]。

5. 特殊管理股制度在重要国有传媒产业的实现路径

（1）改变国有资本控股的现状。以人民网为例，人民网当前的国有股比例较大，控股股东人民日报社及其全资子公司环球时报社和中国能源报社有限公司累计持股比为57.6%，表明国有资本对人民网的经营发展影响很大[3]。因此，国有传媒企业必须解除国有资本在比例上居绝对控股地位的规定，建立既能体现文化企业特点又更加符合现代企业制度要求的股权结构，使国有股份"缩减"为特殊管理股，同时吸引社会资本来提高

---

[1] 卫志民、高美丽："重要国有传媒企业实行特殊管理股制度的探索"，载《理论视野》2014年第10期。

[2] 卫志民、高美丽："重要国有传媒企业实行特殊管理股制度的探索"，载《理论视野》2014年第10期。

[3] 陈孟："对人民网探索特殊管理股制度改革的分析"，载《当代传播》2017年第5期。

非国有股份比例[1]。

(2) 明确特殊管理股的权利和义务。在重要的国有传媒企业，作为普通股的 A 股是股票中最基本、最常见的一种，按照公司的规定享有公司的经营收益权，有的享有一般表决权，有的不享有表决权。相比之下，拥有特别投票权的 B 股可能在整个国有传媒企业的股权结构中所占比重极小，但在决策权上占的比重却很大，甚至拥有公司决策的一票否决权。这样就可以保证拥有特殊管理股的股东能够控制公司发展的战略目标和重大事务决策[2]，保障传媒行业的意识形态安全。但是，特殊管理股股东的义务在于对公司的日常经营管理保持沉默，无权参与。

---

[1] 陈孟："对人民网探索特殊管理股制度改革的分析"，载《当代传播》2017 年第 5 期。
[2] 卫志民、高美丽："重要国有传媒企业实行特殊管理股制度的探索"，载《理论视野》2014 年第 10 期。

结 论

优先股是在资本市场的多样化的投融资需求日益增加而无法得到满足的情况下应运而生的。随着英美公司法律制度的完善，优先股成为种类股的一种，在让渡其表决权的同时，拥有优先分红权和公司清算时的剩余财产优先分配权。通过与发行公司签订投资协议，还可以享有在满足特定条件时的表决权、回购权、回售权等，这些都赋予了优先股以灵活性和适应性，迎合了不同的投融资主体的需求。优先股的制度功能优势是显而易见的。然而，由于表决权被剥夺，优先股股东无法对公司的事务进行表决，一度处于权利容易被侵害的境地。另外，一旦特定的事件被触发，其表决权恢复或者公司的大部分董事通过关联公司等方式间接持股，又或者在优先股的回购或回售阶段，普通股股东的利益也可能受到优先股股东的侵害。基于伯利和米恩斯提出的委托—代理理论所引发的公司的利益冲突之一，即优先股股东与普通股股东之间的利益冲突问题，从来都是一个值得讨论的命题。我国关于优先股制度的重要法律规范《管理办法》并没有赋予投融资双方过多的意思自治的自由，优先股的发行、回购、回售、分红等权利在我国的语境下存在诸多掣肘。我国尚未出现关于优先股股东维权的案例，这本身就值得质疑。无论在大陆法系还是英美法系国家，优先股股东维权的案例始终存在，其所彰显的立法以及司法在公司的事务中进行干预的限度，在普通股股东、优先股股东、债权人和公司

结 论

利益等诸多方面的平衡的理论、技巧和价值判断是值得我们深入研究的。

本书在第一章中提出，优先股市场接受度不同的重要原因可归结为优先股法律制度在功能上的差异，而这一差异则源于各国审视优先股的理论视角不同。我国优先股的制度内涵显现出法国法的某些典型特征，法国和我国学界认为：优先股是一种股份；而美国学界则将优先股置于公司法与合同法的断层之上。针对我国优先股存在的可预见性的问题，应重新定位审视优先股的理论视角，激发优先股的市场活力。优先股的制度功能应从融资功能和控制成本的功能两方面进行解读。优先股作为种类股的一种，其股东的权利既是法律赋予的，也是合同所约定的。通过分析我国优先股的发行情况，可以看出我国的优先股发行主要集中在国有上市企业，且集中在资本密集型的商业银行中，而优先股的设计条款缺乏灵活性，几乎所有的优先股品种都没有赎回条款，可累计参与的优先股发行比例很低，另外，由于我国立法没有设计种类股制度，导致优先股缺乏灵活性。

第二章分数个章节论述了在并购、退出机制、表决权、利润的优先分配、商业银行所发行的优先股等诸多层面的优先股股东权利的保护问题。在并购中，就我国目前的立法情况来看，保护优先股股东较具有操作性的途径应当在于优先股表决权在合同约定情形下的恢复，使得优先股能够通过投票权影响公司的经营决策，获得公司的控制权，从而保护自身利益。即在优先股合同中约定，当某些重大情况出现时，优先股的表决权应当恢复。关于回购问题，我国《指导意见》对优先股回赎进行了规定，在回赎优先股的条件、价格和比例等问题上赋予了发行人自主权，并将回赎选择权赋予了发行人和优先股股东。但该规定过于原则性，完全赋予公司自治不利于保护优先股股东的利益。当公司非公开发行可转换优先股时，应当对转换的触发事件、程序条件、转换系数等进行适当规制，以平衡两类股东的利益。关于优先股的回售，应当着重考虑触发优先股回售的条件、触发事件的信息披露、回售的程序、回售的价格等问题的规制。关于优先股的类别表决权，本书认为，股东承担相应的不利影响是投资的应有之义。如果公司的决策仅仅对优先股股东可能造成不利影响，则不应当成为启动其类别表决权的条件，因为普通股股东也完全可能会受到不利影响，而只有当公司的决策可能对优先股的优先权造成损害时，方才可以启动其类别表决权，因为其优先权是以让渡了其表决权为代价的。对于优先股的表决权的恢复问题，本书认为，累积性股利应计息，非累积优先股的强制分红制度，优先股股东恢复表决权后可获得一定的董事席位。在优先股的优先分红问题上，应当引入强制分红制度。针对商业银行所发行的优先股的保护问题，应集中在立法的完善和确立合理的优先股会计及税务处理规则层面。

第三章认为，在传统的公司法中，信义义务是针对普通股股东的保护措施，但是，对于优先股股东来讲却无法适用，而在优先股股东控制公司的情况下，信义义务应当被适用以保护普通股股东。优先股与普通股之间的利益冲突的性质不需要适用"以一对百"的方式即信义义务来解决两者之间的矛盾。关于优先股的特殊权利的保护，还是应当依赖双方的投资协议及公司章程来处理。

第四章认为，国有企业股份制改革主要应当关注如下几个问题：一是国有企业分类进行股份制改革，优先股的引入应当适用于竞争性国有企业；二是在公益性国有企业的股份制改革

结 论

中，既要赋予企业以市场活力，还原国有企业作为市场主体的本质属性，还要兼顾政府对公益性企业的最终控制权，因此，"黄金股"制度是较为适合的一种制度；三是在传媒等敏感、特殊的行业中，应当引入特殊股管理制度。

公司法中的任何一个角度的命题都不应是一种孤立的存在，斯如优先股股东权利保护的法律问题研究，是诸多公司内部外部力量的平衡的结果，这也是本书在动笔伊始所一直信仰的。

参考文献

一、中文著作

1. 赵旭东主编：《公司法学》，高等教育出版社 2006 年版。
2. 曹立：《权利的平衡：优先股与公司制度创新》，中国财政经济出版社 2014 年版。
3. 刘俊海：《股份有限公司股东权的保护》，法律出版社 1997 年版。
4. 施天涛：《公司法论》，法律出版社 2006 年版。
5. 罗培新：《公司法的合同解释》，北京大学出版社 2004 年版。
6. 李彤：《近代中国公司法中股东权制度研究——以法律和社会的互动为中心》，法律出版社 2010 年版。
7. 王东光：《类别股份制度研究》，法律出版社 2015 年版。
8. 李莘：《美国公司融资法案例选评》，对外经济贸易大学出版社 2006 年版。
9. 崔文玉：《日本公司法精要》，法律出版社 2014 年版。

二、中文译著

1. ［法］伊夫·居荣：《法国商法》第 I 卷，罗结珍、赵海峰译，法律出版社 2004 年版。
2. ［美］道格拉斯·诺斯：《制度、制度变迁与经济成就》，刘瑞华译，时报文化出版社 1994 年版。
3. ［美］莱纳·克拉克曼等：《公司法剖析：比较与功能的视角》（第 2 版），罗培新译，法律出版社 2012 年版。

4. ［美］弗兰克·J. 法博齐编著：《固定收益证券手册》，任若恩、李焰等译，中国人民大学出版社 2005 年版。

5. 杜景林、卢谌译：《德国股份法》，中国政法大学出版社 2000 年版。

6. 胡晓静、杨代雄译：《德国商事公司法》，法律出版社 2014 年版。

7. 金邦贵译：《法国商法典》，中国法制出版社 2000 年版。

8. 沈四宝编译：《最新美国标准公司法》，法律出版社 2006 年版。

9. 卞耀武主编：《德国股份公司法》，贾红梅、郑冲译，法律出版社 1999 年版。

10. 付黎旭、吴民译：《日本国商法》，法律出版社 2000 年版。

11. 葛伟军译：《2006 年公司法》（英国），法律出版社 2008 年版。

12. 徐文彬、戴瑞亮、郑九海译：《特拉华州普通公司法》，中国法制出版社 2010 年版。

13. 罗洁珍译：《法国公司法典》，中国法制出版社 2007 年版。

14. 吴建斌等译：《日本公司法典》，中国法制出版社 2006 年版。

三、中文期刊和论文集

1. 冯果："股东异质化视角下的双层股权结构"，载《政法论坛》2016 年第 4 期。

2. 汪青松、赵万一："股份公司内部权力配置的结构性变革——以股东'同质化'假定到'异质化'现实的演进为视角"，载《现代法学》2011 年第 3 期。

3. 李晓珊、倪受彬："优先股的制度功能及理论视角之比较分析"，载《证券法苑》2014 年第 3 期。

4. 丁楹："从美国优先股制度发展历程看中国转轨时期优先股制度的建立"，载《中央财经大学学报》2013 年第 5 期。

5. 高劲："企业为什么选择发行优先股？——企业财务困难的预期成本与普通股定价状况的分析"，载《浙江社会科学》2005 年第 3 期。

6. 梁胜、易琦："境外优先股法律制度比较研究"，载《证券法苑》2013 年第 1 期。

7. 于莹、潘林："优先股制度与创业企业——以美国风险投资为背景的研究",载《当代法学》2011年第4期。

8. 任红:"优先股股东权保护的法律适用问题研究",载《理论与改革》2014年第3期。

9. 聂孝红:"优先股在企业并购融资中的优势",载《公民与法法学》2011年第2期。

10. 郭青青:"中国国有企业股权结构的混合所有制改革",载《改革与战略》2015年第11期。

11. 郭青青:"优先股东与普通股东间的信义义务取舍",载《河北法学》2015年第11期。

12. 张亮:"可转换可赎回优先股公允价值变动对企业价值评估影响的分析——以美图公司上市为例",载《中国资产评估》2018年第1期。

13. 李磊:"中国语境下的优先股制度功能之反思——基于政治经济学维度的分析",载《银行家》2017年第3期。

14. 冯果、杨梦:"国企二次改革与双层股权结构的运用",载《法律科学(西北政法大学学报)》2014年第6期。

15. 顾功耘、胡改蓉:"国企改革的政府定位及制度重构",载《现代法学》2014年第3期。

16. 杨雄壬:"论国有企业混合所有制改革中的优先股制度",载《绵阳师范学院学报》2017年第3期。

17. 钟颖:"优先股股东与普通股股东的利益冲突与平衡",载《南方金融》2016年第8期。

18. 张毅、楼笑含:"从ODN案看美国董事信义义务的新动向",载《财经法学》2018年第1期。

19. 曾福城:"竞争性国有企业混改与优先股采行",载《南京航空航天大学学报(社会科学版)》2017年第4期。

20. 张东明、史册:"国有企业实行优先股制度风险、边界及途径",载《经济体制改革》2016年第3期。

21. 蒋大兴:"国企为何需要行政化的治理———一种被忽略的效率性解释",载《现代法学》2014年第5期。

22. 陈金艳:"优先股助力国企改革",载《上海国资》2013年11月

18 日财经版。

23. 王偕勇:"国企混合所有制改革的路径及制度设计",载《上海国资》2016 年 7 月版。

24. 张立省:"欧洲黄金股研究及对我国的启示",载《管理现代化》2012 年第 1 期。

25. 杨畅:"国企改革探索'黄金股'特殊管理制度研究",载《上海市经济管理干部学院学报》2018 年第 2 期。

26. 曾福城:"公益性国企混改与黄金股的运用",载《发展研究》2017 年第 11 期。

27. 黄鑫:"黄金股在欧洲的发展现状",载《法制与社会》2017 年第 9 期(上)。

28. 李云焕等:"关于我国优先股定价问题的相关探究",载《商场现代化》2015 年第 29 期。

29. 刘燕:"对赌协议与公司法资本管制——美国实践及其启示",载《环球法律评论》2016 年第 3 期。

30. 卫志民、高美丽:"重要国有传媒企业实行特殊管理股制度的探索",载《理论视野》2014 年第 10 期。

31. 陈孟:"对人民网探索特殊管理股制度改革的分析",载《当代传播》2017 年第 5 期。

32. 刘胜军:"类别表决权:类别股东保护与公司行为自由的衡平——兼评《优先股试点管理办法》第 10 条",载《法学评论》2015 年第 1 期。

33. 李洋:"优先股表决权研究",载《黑龙江政法管理干部学院学报》2016 年第 4 期。

34. 艾茜、朱海平:"优先股表决权与公司自治的法律困境研究",载《乐山师范学院学报》2016 年第 5 期。

35. 汪青松:"优先股的市场实践与制度建构",载《证券市场导报》2014 年第 3 期。

36. 钟瑞庆:"论公司控制权概念的法理基础",载《社会科学》2010 年第 6 期。

37. 龚博:"优先股法律制度的合理性基础和构建思路",载《证券法苑》2013 年第 9 期。

38. 徐剑:"优先股法律问题研究",载《法制与社会》2008 年第 2 期。

39. 董淳锷:"商事自治规范司法适用的类型研究",载《中山大学学报(社会科学版)》2011 年第 6 期。

40. 邓可人:"权利平衡视角下利润分配优先权之保护",载《吉林工商学院学报》2015 年第 3 期。

41. 杨海平:"当前中国商业银行发行优先股问题研究",载《商业银行》2014 年第 2 期。

42. 赖衍禹:"优先股:债权?还是股权?",载《金融市场研究》2016 年第 11 期。

43. 闻德锋:"论信息不对称的经济法规制",载《河南师范大学学报(哲学社会科学版)》2004 年第 4 期。

44. 董新义:"韩国新商法中的种类股制度及借鉴",载《证券市场导报》2014 年 4 月号。

45. 全先银:"优先股与商业银行改革",载《中国金融》2014 年第 2 期。

46. 许多、黄佳:"商业银行发行优先股的历程和基本问题",载《农村金融研究》2014 年 12 月。

47. 樊纲:"优先股在金融危机中的应用及其启示",载《北京航空航天大学学报(社会科学版)》2015 年 5 月。

48. 朱慈蕴、沈朝晖:"类别股与中国公司法的演进",载《中国社会科学》2013 年第 9 期。

49. 张志坡:"优先股的立法、实践与启示",载《金陵法律评论》2012 年第 1 期。

50. 潘林:"重新认识'合同'与'公司'——基于'对赌协议'类案的中美比较研究",载《中外法学》2017 年第 1 期。

51. 李小明:"论反垄断法理论体系之构建",载《法学杂志》2008 年第 3 期。

52. 宣頔、赵美珍:"美国风险投资优先股制度的演进与运用",载

《经济导刊》2011 年第 10 期。

四、学位论文

1. 王会敏:"优先股股东权利保护法律制度研究",山东大学 2017 年博士学位论文。

2. 薛亢:"论中美比较法视野下的我国优先股规则构建及相关法理反思",南京大学 2015 年硕士学位论文。

3. 董文汇:"中美优先股制度比较研究",中国海洋大学 2015 年硕士学位论文。

4. 佘世宽:"中国优先股制度研究",华南理工大学 2014 年硕士学位论文。

5. 丛山:"借鉴国外经验发展中国优先股制度的现实意义",复旦大学 2011 年硕士学位论文。

6. 姜雅琴:"基于'啄食'理论的上市公司融资偏好研究",华中农业大学 2005 年硕士学位论文。

7. 赵莹莹:"我国优先股股东权益保护研究",兰州大学 2017 年硕士研究生学位论文。

8. 沛琦:"中英混合所有制经济模式比较研究",武汉大学 2015 年博士学位论文。

9. 郭青青:"类别股法律制度研究",西南政法大学 2016 年博士学位论文。

10. 陈志强:"我国优先股股东权益保护问题研究",华东政法大学 2016 年硕士学位论文。

11. 叶陶冶:"中国发展优先股制度研究",上海交通大学 2008 年硕士学位论文。

12. 李娟:"我国优先股类别表决法律问题研究",山东科技大学 2017 年硕士学位论文。

13. 左海峰:"我国优先股表决权机制研究",安徽大学 2017 年硕士学位论文。

14. 王萍:"优先股表决权恢复制度之功能局限及克服",华东政法大学 2016 年硕士学位论文。

15. 王凯："论恢复性表决权的行使"，天津商业大学 2015 年硕士学位论文。

16. 雄永炬："商业银行优先股法律问题研究"，湖南师范大学 2015 年硕士学位论文。

17. 李海燕："建立我国类别股制度的构思"，吉林大学 2014 年博士学位论文。

18. 何家良："优先股股东权保护研究"，华东政法大学 2015 年硕士学位论文。

19. 王润超："商业银行优先股融资研究——以国有及股份制银行多案例研究"，新疆财经大学 2017 年硕士学位论文。

20. 梁赟琦："我国优先股股东表决权制度研究"，中国石油大学（华东）2016 年硕士学位论文。

21. 张答瑜："特别股制度问题之探讨法律与会计之交错"，台北大学 2008 年硕士学位论文。

22. 丁胤竹："优先股制度的本土化问题研究——以公司治理中的利益平衡为视角"，华东政法大学 2015 年硕士学位论文。

23. 赵寻："论公司章程视角下的优先股股东权利保护"，浙江大学 2014 年硕士学位论文。

五、中文报纸

1. 方锐："浦发银行优先股方案利好普通股"，载《证券时报》2014 年 5 月 5 日。

2. 唐振伟："被迫修改优先股发行预案，广汇能源回购能力被质疑"，载《证券日报》2014 年 5 月 6 日，第 C04 版。

3. 张歆："私募建言优先股'捆绑'回购，多家银行表示不可行"，载《证券日报》2014 年 5 月 6 日，第 B01 版。

4. 徐子桐："从银山化工案看类别股东表决"，载《证券市场导报》2004 年 2 月号。

5. 崔启斌、高萍："浦发银行下调优先股强制转股价格"，载《北京商报》2017年9月6日,第6版。

六、外文资料

1. Iman Anabtawi, "Some Skepticism about Increasing Shareholder Power", *UCLA Law Review*, Vol. 53, 2006: 564.

2. Charles R. Korsmo (2013), "Venture Capital and Preferred Stock", 78 *Brook. L. Rev.* 1163.

3. Jedwab v. MGM Grand Hotels, Inc., 509 A. 2d 584; 1986 Del. Ch. LEXIS 509.

4. Steven N. Kaplan, Per Stromberg (2003), "Financial Contracting Theory Meets the Real World: An Empirical Analysis of Venture Capital Contracts", *The Review of Economic Studies*, Vol. 70, No. 2.

5. Jarl G. Kallberg et al., Preferred Page 53 161 U. Pa. L. Rev. 1815, ∗ 1906 Stock, Some Insights into Capital Structure 8 (Feb. 2008) (unpublished manuscript), available at http://papers. ssrn. com/id=1108673.

6. R. Mortier, Rachat d'actions et actions rachetables: Rev. Sociétés 2004, p. 639, spéc. n°34. P. LE CANNU: RTD com. 2004.

7. D. Martin, C. Fallet, Actions de préférence, Une réforme pour un nouveau mode de dinancement des entreprises, Rev. la semaine juridique 2012, p. 396, n°8.

8. A. Viandier, Les actions de préférence, JCP E 2004, 1440, spéc. n°8.

9. Medef, Les actions de préférence, pour une modernisation du droit des valeurs mobilières, mai 2001, p. 4.

10. Alain Viandier, Les actions de préférence (ordonnance n°2004-604 du 24 juin 2044, article 31), JCPE, n°40, 30 septembre 2004.

11. Wabash Railway Co. v. Barclay 280 U. S. 197.

12. William W. Bratton, Michael L. Wachter, "A Theory of Preferred Stock", *University of Pennsylvania Law Review*, June 2013.

13. John S. Howe, Hongbok Lee, "The Long-run Stock Performance of Preferred Stock Issuers", *Review of Financial Economics* 15 (2006).

14. Matthews v. Groove Networks, Inc., Civ. A. No. 1213-N, 2005 WL

3498423, at 2 (Del. Ch. Dec. 8, 2005).

15. Del. Code Ann. tit. 8, § 151 (a) (2011) Del. Code Ann. tit. 8, § 262 (b) (1).

16. Elliott Assocs., L. P. v. Avatex Corp., 715 A. 2d 843, 844 (Del. 1998).

17. Rothschild Int'l Corp. v. Liggett Grp., Inc., 474 A. 2d 133, 137 (Del. 1984) 990 A. 2d 435 (Del. Ch. 2010).

18. Channon v. H. Channon Co., 218 Anderson v. W. J. Dyer & Bro., 94 Minn. 30. Dodge v. Ford Motor Co., 204 Mich. 459.

19. George Heberton Evans, "The Early History of Preferred Stock in the United States", *19 The American Economic Review*, 43, 45~47 (1929).

20. Samuel Levine, "Rights of Holders of Preferred Stock to Dividents in Conjunction with Distribution of Surplus to Common Stockholders", *12St. John's Law Review*, 108, 113 (1937).

21. Lotenzo Sasso, "Corporate Govemartce and the Role of Hybrid Financial Instruments in the UK and US", *Corporate Finance and the Capital Market Law Review*, 2011.

22. D. Gordon Smith, "Team Production in Venture Capital Investing", *Journal of Corporation Law*, Sum-mer 1999, 24 J. Corp. L. 949, 952 (1999)

23. William A. Sahlman, "The Structure and Governance of Venture Capital Organizations", *27 J. Fin. Econ.*, 1990.

24. Orban v. Field, No. 12820, 1997 Del. Ch. LEXIS 48, at 29~32 (Del. Ch. Apr. 1, 1997).

25. Stephen M. Bainbridge, the New Corporate Governance In Theory and Practice 30~31 (2008).

七、网络资料

1. "优先股制度的国际经验和在我国的发展过程",载百度文库网站, https://wenku.baidu.com/view/1f3521f8be23482fb5da4c95.html? from=search, 2018年4月14日访问。

2. 周文渊: "美国优先股总规模不足4000亿美元", http://news.cnfol.

eom/guoiicaiiing/20140324/17358424. Shtml,2015 年 3 月 1 日访问。

3. "创业投资企业管理暂行办法",载百度百科网站,https://baike. baidu. com/item/%E5%88%9B%E4%B8%9A%E6%8A%95%E8%B5%84%E4%BC%81%E4%B8%9A%E7%AE%A1%E7%90%86%E6%9A%82%E8%A1%8C%E5%8A%9E%E6%B3%95/9738419?fr=aladdin,2018 年 4 月 17 日访问。

4. Lefèvre Pelletier & associés,Avocats:Les actions de préférence,http://www. lpalaw. com/documents/agenda/169_ PRES_ Actions_ de_ preference_ 19_ avril_ 2012_ version-=_ ongue-19h. pdf,2014 年 7 月 15 日访问。

5. "美国政府不惜代价拯救花旗银行",载银行频道-和讯网,http://bank. heXun. com/2008-11-25/111597921. html。

6. "巴菲特购买高盛优先股",载新浪网,http://finance. sina. com. cn/roll/20080925/07562441314. shtml.,2014 年 7 月 15 日访问。

7. "股票发行的成本如何计算",载爱问财经网站,http://m. iask. sina. com. cn/b/2751070. html,2018 年 4 月 24 日访问。

8. "包夫诉交通旅店公司案",载北大法意网站,http://www. lawyee. org/PubPage/Detail? DataID=556bbede11305627d0000ae4&Pa-geID=199&RowNum=1&CurrentPage=1&IsRecord=false&title=包夫诉交通旅店公司案,2018 年 5 月 15 日访问。

9. "优先股研究——兼议《国务院关于开展优先股试点的指导意见》",载百度文库网站,http://wenku. baidu. com/view/11426059561252d38-0eb6eda. html,2014 年 7 月 15 日访问。

10. 木清:"国企改革:国有股转为优先股非常危险",载乌有之乡网站,http://www. wyzxwk. com/Article/shidai/2015/09/351512. html,2018 年 8 月 14 日访问。

11. "'优先股'不是国企混改方向",载和讯网站,http://news. hexun. com/2014-10-28/169775651. html,2018 年 8 月 14 日访问。

12. 巨潮资讯网,http://www. cninfo. com. cn,2015 年 4 月 1 日访问。

13. 李诗鸿:"公司契约理论新发展及其缺陷的反思",载爱思想网站,http://www. aisixiang. com/data/81260. html,2018 年 8 月 13 日访问。